MĒMENTO
PASSEPORT

3ᵉ

Français
Annick Mauffrey
Isdey Cohen

Mathématiques
Gérard Caparros

Histoire - Géographie
Jean Duma

Anglais
Annie Sussel

Sciences physiques
Marie-Jeanne Conte
Jean-Pierre Durandeau

Biologie
Jacques Escalier
Louis Girard

Mode d'emploi

En page de gauche :
l'essentiel à retenir résumé en 2 ou 3 points.

Titre →
de la double
page

L'assimilation

 La croissance de l'organisme

Jusqu'à un certain âge, notre organisme se développe (taille et masse). Un apport important de molécules provenant de l'alimentation est indispensable à la synthèse des nouvelles molécules de l'organisme en croissance. Les molécules issues de l'alimentation sont véhiculées par le sang depuis l'intestin et sont réparties dans toutes les cellules où auront lieu les synthèses de matières vivantes, en particulier des protéines. Le foie assure la régulation du stockage du glucose.

 Notre organisme se renouvelle constamment

• Toutes nos cellules, mises à part les cellules nerveuses et les cellules cardiaques, sont constamment renouvelées à des vitesses qui leur sont propres. Aussi, à l'âge adulte où taille et masse sont à peu près constantes, les synthèses continuent. Il est donc nécessaire d'apporter à l'organisme les « matériaux » qui permettront ce renouvellement cellulaire ; ce sont les molécules provenant de l'alimentation : les nutriments.
• L'équilibre entre apports et dépenses énergétiques est la condition d'un développement harmonieux de l'organisme. Le vieillissement cellulaire est dû à une absence de renouvellement des structures cellulaires ; il est souvent à l'origine d'une surcharge pondérale.

 L'assimilation

À partir d'une alimentation qui procure des molécules ou nutriments suffisamment variés, l'homme est capable de fabriquer sa propre substance.
Pour cela, chacune de nos cellules possède dans son noyau une « information codée » qui dicte l'ordre dans lequel elle doit assembler les acides aminés non spécifiques, provenant de la digestion des protéines ingérées, pour synthétiser des protéines spécifiques.
Toutes les cellules d'un organisme possèdent la même « information codée », mais cette information n'est « traduite » que partiellement dans chaque cellule, en fonction de la spécialisation de la cellule.

Illustrations et schémas : **Anne-Marie Robain, Christian Galinet** (histoire-géographie), **Rémi Picard** (sciences physiques), **Horizon graphique** (biologie). Certains documents ont été repris des ouvrages d'**Histoire-Géographie 3e** (sous la direction de MM. Lambin, Martin et Desplanques,** Hachette, 1988), de **Sciences physiques 3e** (Collection Durandeau, Hachette, 1989), de **Biologie 3e** (Hachette, 1989) et d'**Éducation civique 3e** (Collection Defebvre, Hachette, 1989).
Copyright Hachette 1990. Tous droits de traduction, de reproduction et d'adaptation réservés pour tous pays.
ISBN 2-01-016 005-3

n page de droite :
es documents, des textes, des tableaux illustrant les notions à retenir.
es cadres de couleur renvoient aux chiffres de la page de gauche.

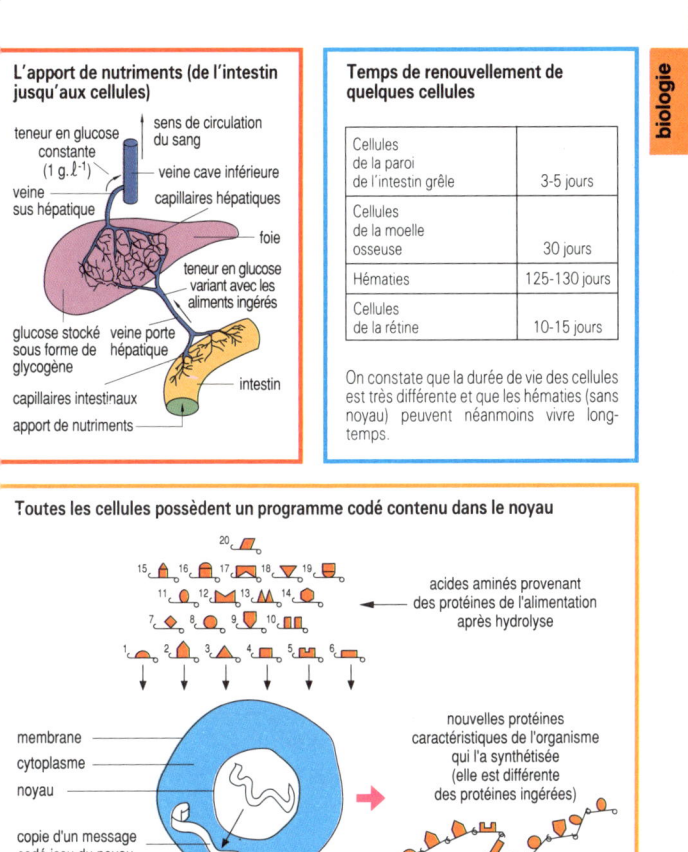

Matière ← étudiée

biologie

Sommaire

Français

Le discours rapporté 8
Le discours direct; le discours indirect.

Exprimer la cause 10
Les compléments circonstanciels de cause; les propositions subordonnées compléments circonstanciels.

Exprimer la conséquence 12
Les compléments circonstanciels de conséquence; les propositions subordonnées compléments circonstanciels; autres moyens d'exprimer la conséquence.

Exprimer le but 14
Les compléments circonstanciels de but; les propositions subordonnées compléments circonstanciels; autres moyens d'exprimer le but.

Exprimer l'opposition et la concession............................. 16
Les compléments circonstanciels d'opposition et de concession ; les propositions subordonnées compléments circonstantiels.

Exprimer l'hypothèse et la condition 18
Les compléments circonstanciels de condition; les propositions subordonnées compléments circonstanciels; autres moyens d'exprimer l'hypothèse et la condition.

Exprimer la comparaison... 20
La comparaison dans la phrase simple; la comparaison dans la phrase complexe; autres moyens d'exprimer la comparaison.

Quelques notions de versification 22
La mesure; le rythme; la rime et les sonorités.

Les conventions d'écriture 24
Usage de la ponctuation; usage des majuscules; usage des accents et autres signes diacritiques.

Les figures de rhétorique 27

Nature et fonction 28

Emploi imposé du mode du verbe dans la complétive 31

Emploi imposé du mode du verbe dans la circonstancielle 32

Emploi des temps simples de l'indicatif 33

Emploi des temps composés de l'indicatif.......................... 34

Accord du participe passé 35

Lexique de la grammaire... 36

Mathématiques

Quadrilatères particuliers.. 42

Théorème de Thalès et sa réciproque 44
Théorème de Thalès relatif au triangle; réciproque du théorème de Thalès.

Pyramides... 46
Présentation; volume de la pyramide; section d'une pyramide par un plan parallèle à la base.

Cônes de révolution 48
Présentation; volume du cône; section d'un cône de révolution par un plan parallèle à la base.

Sommaire

Angles et trigonométrie. 50
Angle inscrit et angle au centre, trigonométrie.

Transformations. 52
Symétries ; translation ; rotation.

Translations et vecteurs 54
Coordonnées d'un vecteur ; addition vectorielle.

Équations de droites, distances 56
Équations de droites ; en repère orthonormal.

Calcul numérique, calcul littéral. 58
Écritures fractionnaires ; puissances entières de 10 ; égalités remarquables.

Radicaux 60
Racine carrée d'un nombre positif ; calculs sur les radicaux.

Équations du premier degré. 62
Système d'équations à deux inconnues ; résolution graphique ; résolution algébrique.

Inéquations du premier degré. 64
Inéquation à une inconnue.

Applications affines 66
Définitions ; représentation graphique.

Exploitation de données statistiques 68
Caractère quantitatif discontinu.

Exploitation de données statistiques 70
Regroupement en classes.

Proportionnalité 72
Grandeurs-quotients et grandeurs-produits ; augmentation exprimée en pourcentage.

Histoire - Géographie

Histoire

La Première Guerre mondiale (1914-1918). 74
Les origines du conflit ; le déroulement du conflit ; les conséquences de la guerre.

La Russie et l'U.R.S.S. de 1914 à 1941 76
La révolution russe ; les débuts difficiles du nouveau régime ; Staline et la collectivisation.

Les États-Unis et la crise économique mondiale 78
L'Amérique des Républicains ; la crise de 1929 ; Roosevelt et le New Deal.

La France de 1919 à 1939. 80
Les lendemains de la guerre ; la crise en France ; succès et échec du Front populaire.

Italie fasciste et Allemagne hitlérienne. 82
L'Italie fasciste ; l'Allemagne hitlérienne.

La Seconde Guerre mondiale. 84
Les origines du conflit ; les victoires de l'Axe (1939-1942) ; la victoire des Alliés (1942-1945).

Les relations internationales de 1945 à 1975 86
Le monde en 1945 ; la guerre froide 1947-1962 ; la détente 1962-1975.

Décolonisation et émergence du Tiers monde 88
Un système colonial en crise ; la décolonisation ; la naissance du Tiers monde.

Sommaire

La France de 1939 à nos jours 90
La France dans la guerre ; la IVe République (1946-1958) ; la Ve République (depuis 1958).

Les transformations économiques et sociales 92
Le temps de la croissance ; la crise (depuis 1973) ; les transformations sociales et culturelles.

Un monde multipolaire. 94
De nouveaux rapports de force ; les difficultés des rapports Est-Ouest ; des conflits diversifiés.

Géographie

L'espace français 96
Une situation privilégiée ; un relief varié ; des climats divers et tempérés.

La population de la France 98
L'évolution ; une répartition géographique inégale ; les mutations des activités.

Les activités économiques 100
Les mutations de l'agriculture française ; la diversité de l'industrie française ; l'essor du tertiaire.

Aménagement du territoire et diversité régionale 102
L'aménagement du territoire ; la France du Nord et de l'Est ; la France du Sud et de l'Ouest.

La France dans le monde. 104
La France d'Outre-Mer ; la France dans l'Europe ; la France dans le monde.

L'U.R.S.S. : l'espace et les hommes. 106
Le pays le plus vaste du monde ; ressources naturelles et maîtrise de l'espace ; la population.

L'U.R.S.S. : la puissance économique 108
Une économie de type socialiste ; agriculture et industrie ; la place de l'U.R.S.S. dans le monde.

Les États-Unis : l'espace et les hommes 110
L'espace américain ; la population américaine ; l'organisation économique.

Les États-Unis : la puissance économique 112
La première puissance industrielle ; la première agriculture du monde ; une économie dominante.

Éducation civique. 114
Les institutions de la Ve République ; les institutions des États-Unis ; l'O.N.U.

Anglais

Le verbe / les temps (I). 116
Présent simple et présent progressif ; le futur ; subordonnées temporelles et d'hypothèse.

Le verbe / les temps (II) 118
Prétérit et « Present perfect » ; prétérit et « past perfect » subordonnées d'hypothèse au prétérit.

Le verbe / les modaux. 120
Can / Can't / Could / Couldn't, Must / Mustn't & Should / Should not, May / May not / Might.

Les verbes irréguliers 122

Le groupe nominal (I) 124
L'article indéfinie : A /AN ; l'article défini : THE ; les indéfinis.

Le groupe nominal (II) 125
Formation des mots ; pronoms réfléchis ; pronoms réciproques : Each Other / One Another.

Le groupe nominal (III) 126
L'adjectif ; comparatifs et superlatifs ; adjectifs et pronoms possessifs, génitifs.

La phrase. 128
Pronoms relatifs ; pronoms interrogatifs ; interrogations indirectes.

Quelques fonctions 130

Sommaire

Sciences physiques

L'énergie électrique **132**
La puissance électrique; l'énergie électrique; les résistances.

Le transistor **134**
Transistor bloqué, transistor passant; les deux régimes de fonctionnement; association entre un diviseur de tension et un transistor : le potentiomètre électronique.

Les lentilles convergentes **136**
Définition et propriétés; construction d'une image.

Des appareils munis de lentilles **138**
Le projecteur de diapositives; l'appareil photographique.

Des réactions chimiques **140**
Combustion de corps simples; combustion des hydrocarbures; réductions de l'oxyde de cuivre et de l'oxyde de fer.

L'eau et les solutions **142**
L'eau; les solutions acides ou basiques.

L'identification des ions **144**
Ions cuivre II; ions fer II / ions fer III; ions carbonate / ions sulfate / ions chlorure.

Le poids et la masse d'un corps - La poussée d'Archimède **146**
Le poids d'un corps; le poids et la masse d'un corps; la poussée d'Archimède.

Biologie

La reproduction et l'hérédité (1) **148**
Chromosomes; le caryotype : carte d'identité de tout être vivant; des caryotypes différents.

La reproduction et l'hérédité (2) **150**
Le patrimoine héréditaire; anomalie chromosomique et maladies; formation des gamètes et fécondation.

La digestion **152**
Nos aliments; nos aliments sont en général formés de molécules non directement assimilables par l'organisme; la digestion « in vitro » de la molécule d'amidon.

L'assimilation **154**
La croissance de l'organisme; notre organisme se renouvelle constamment; l'assimilation.

La respiration **156**
Inspiration et expiration; échanges de gaz; respirer pour récupérer de l'énergie.

Les reins et l'urine / la fonction d'excrétion **158**
L'appareil urinaire; l'élaboration de l'urine.

L'alimentation **160**
Pourquoi s'alimenter; les vitamines; bien équilibrer ses repas.

L'activité cardiaque **162**
Les contractions du cœur; artères, veines et capillaires; adaptation du rythme cardiaque.

Les comportements humains **164**
De l'excitation à la réaction; les étapes d'un comportement réflexe; le système nerveux est vulnérable.

Se défendre contre les microbes **166**
L'infection d'une plaie; la sécrétion d'anticorps, une réponse humorale; des cellules tueuses.

La médecine et les défenses immunitaires **168**
Les greffes; vaccins et sérums; troubles de la réponse immunitaire.

L'utilisation des micro-organismes **170**
Un rôle fondamental dans la fabrication des produits alimentaires; et l'obtention de produits médicamenteux.

Le discours rapporté

Relater, rapporter les paroles de quelqu'un, dans un récit, oral ou écrit, peut se faire sous deux formes principales.

1 Le discours direct

- Le discours direct est une rupture dans la narration : l'emploi des temps et des pronoms peut être totalement différent de celui du récit.
- Le discours direct est introduit par une ponctuation particulière (deux points, tirets, guillemets).
- Le discours direct permet de rapporter fidèlement les paroles : les phrases sont citées telles quelles, dans le registre de langue où elles ont été prononcées.

2 Le discours indirect

- Le discours indirect s'insère dans le récit sans rupture ni ponctuation particulière. Les paroles sont rapportées dans une proposition subordonnée COD. La principale comporte alors un verbe introducteur (de déclaration ou d'opinion).
- Lors du passage au discours indirect, les paroles rapportées sont modifiées. Interjections, onomatopées, mots mis en apostrophe disparaissent, le registre de langue s'aligne sur celui du récit et l'énoncé subit des modifications d'ordre grammatical.

— Modification des **possessifs** et des **pronoms personnels**
Celui qui rapporte le discours n'a pas participé au dialogue :
→ tous les possessifs et les pronoms personnels passent à la 3e personne.

mon/ma, ton/ta, son/sa - son/sa - nôtre, vôtre, leur → leur - nos, vos, leurs → leurs - le(s) mien(s), le(s) tien(s), le(s) sien(s)... → le(s) sien(s)...
je, tu, il, elle → il, elle - nous, vous, ils, elles → ils, elles.

— Modification du **temps** et du **mode** des verbes
Cette modification suit la règle de la concordance des temps.
Verbe introducteur au passé → verbes du discours obligatoirement au passé. Ainsi, à l'indicatif :

présent, imparfait	→	imparfait
passé composé, passé simple, plus-que-parfait, passé antérieur	→	plus-que-parfait de l'indicatif
futur, futur antérieur	→	conditionnel présent et passé (futur du passé)

Verbe du discours direct à l'impératif → subjonctif ou infinitif au discours indirect.
 « Viens ! » → Il ordonne **qu'il vienne.** Il lui ordonne **de venir.**

— Modification de l'expression du **temps** et du **lieu**

ici, dans cette maison-ci	→	là, dans cette maison-là
hier, aujourd'hui, demain	→	la veille, ce jour-là, le lendemain
dans trois jours, cette semaine	→	trois jours plus tard, cette semaine-là

Le discours indirect libre

Le discours indirect libre est une forme intermédiaire.
- Comme le discours indirect, il présente la modification des possessifs et pronoms personnels, celle des temps et des modes...
- Comme le discours direct, il n'est pas introduit par une conjonction de subordination. Il peut conserver interjections, points d'exclamation et d'interrogation, etc.
- Il n'est pas signalé par des guillemets et, souvent, seul le sens permet de le distinguer du récit.

Comme Pierre allait partir, sa mère le rappela. *Oh! n'avait-il pas oublié son maillot de bain?* Il la rassura : *il avait mis le maillot dans son sac, mais il n'était pas sûr qu'ils iraient à la piscine ce jour-là.* Il lui fit un signe de la main et referma la porte.

Le discours direct

Comme il allait partir, sa mère lui demanda :
« *Oh! Pierre, tu n'as pas oublié ton maillot de bain?*
– *Je l'ai mis dans mon sac*, répondit-il, *mais je ne suis pas sûr que nous irons à la piscine aujourd'hui.* »
Il lui fit un signe de la main et referma la porte.

Le discours indirect

Comme il allait partir, sa mère demanda à Pierre *s'il n'avait pas oublié son maillot de bain.* Il répondit *qu'il l'avait mis dans son sac, mais qu'il n'était pas sûr qu'ils iraient à la piscine ce jour-là.* Il lui fit un signe de la main et referma la porte.

Pierre rappelle leur dialogue à sa mère

Tu m'as alors demandé si je n'avais pas oublié mon maillot de bain. Je t'ai répondu que je l'avais mis dans mon sac, mais que je n'étais pas sûr que nous irions à la piscine ce jour-là.

Cas de l'interrogation indirecte

- Disparition du point d'interrogation et de l'inversion du sujet.

- Modification des possessifs et des pronoms personnels, des temps et des modes, des adverbes et circonstanciels de temps et de lieu.

- Terme introducteur :
Pour l'interrogation totale → si
Pour l'interrogation partielle
    que → ce que
    qu'est-ce qui → ce qui
    quand → quand
    où → où, etc.

français

Exprimer la cause

 Les compléments circonstanciels de cause

Le complément circonstanciel de cause peut être :

- un groupe nominal introduit par une préposition (ou une locution prépositive) : *à, pour, de, par, à cause de, en raison de, grâce à, faute de*, etc. :

    Il tremblait **de peur.** Il n'avait pas vu le camion **à cause du brouillard.**
    Il avait évité l'accident **grâce à ses bons réflexes.**

- un verbe à l'infinitif introduit par une préposition (ou une locution prépositive) : *à, de, pour, faute de*, etc. :

    Pour ne s'être pas réveillé à temps, il a raté son train.
    Le réveil n'a pas sonné, **faute d'avoir été remonté.**

- un verbe au gérondif :

    En voyant la pluie, elle a pris son imperméable.

 Les propositions subordonnées compléments circonstanciels

- La proposition subordonnée circonstancielle de cause est introduite par les conjonctions de subordination (ou les locutions conjonctives) : *comme, parce que, puisque, sous prétexte que, étant donné que, du moment que*, etc. :

    Comme il fait beau, nous irons nous promener.

La cause peut être mise en relief au moyen de la tournure :
si + principale... *c'est que* + subordonnée (subordination inverse) :

    S'il éternue **c'est qu'il s'est enrhumé.**

Lorsque deux propositions circonstancielles de cause, liées par le sens, sont coordonnées, la deuxième est souvent introduite par *que* :

    Comme l'eau était froide et **qu'il était enrhumé,** il ne s'est pas baigné.

On peut nier une cause à l'aide de la tournure *non que* :

    Il éternue, **non qu'il soit enrhumé,** mais il a respiré du poivre.
    (→ Il n'est pas enrhumé, ce n'est pas pour cela qu'il éternue.)

On peut écarter, en tant que cause, un fait réel, à l'aide de *non parce que* :

    Il éternue, **non parce qu'il est enrhumé,** mais parce qu'il a respiré du poivre.
    (→ Il est enrhumé, mais ce n'est pas pour cela qu'il éternue.)

- La proposition participiale peut être complément circonstanciel de cause :

    La pluie ayant cessé, nous pouvons sortir nous promener.

Autres moyens d'exprimer la cause

- Le sens de certains mots :
Les **raisons** de son absence restent mystérieuses.
Un court-circuit **a causé** l'incendie.

- la coordination :
La lampe s'est éteinte **car** les piles étaient usées.

- La juxtaposition et la ponctuation :
La lampe s'est éteinte : **les piles étaient usées.**
Elle s'est éteinte - **les piles étaient usées** - au moment où...
Il avait très soif, **tant il avait parlé.**

- La construction par apposition :
Bon camarade, il lui a offert son goûter.
Vexé, il s'est enfermé dans sa chambre.

- La proposition subordonnée relative appositive, à valeur causale :
Il s'est débarrassé de son chien, **qui présentait un danger pour les enfants.**

Cause et conséquence : Un peu de logique (1)

- La cause et la conséquence sont les deux faces complémentaires d'une seule relation entre deux faits.

Dans la réalité

Le verre est tombé. Le verre est certainement cassé.
cause   *conséquence*

Dans la langue

La langue peut choisir de mettre en évidence, à l'aide de procédés grammaticaux, l'une ou l'autre des faces de la relation :

cause → Le verre est certainement cassé **parce qu'**il est tombé.
conséquence → Le verre est tombé, **si bien qu'**il est certainement cassé.

Exprimer la conséquence

1 Les compléments circonstanciels de conséquence
Le complément circonstanciel de conséquence est un infinitif introduit par une préposition (ou une locution prépositive) : *à, pour, au point de, de manière à*, etc. :

> Il gèle **à pierre fendre**. Il est intimidé **au point de ne pouvoir parler**.

Ces compléments sont toujours placés après le verbe conjugué.

2 Les propositions subordonnées compléments circonstanciels
• La proposition subordonnée circonstancielle de conséquence *non liée à un degré d'intensité* est introduite par les conjonctions de subordination (ou locutions conjonctives) : *de sorte que, si bien que, au point que, de façon que*, etc. :

> Il s'est bien soigné, **de sorte qu'il est maintenant guéri**.
> Il faisait froid **au point que l'eau gelait dans la cuvette**.

• La proposition subordonnée circonstancielle de conséquence *liée à un degré d'intensité*.
– portant sur le **verbe**, elle est introduite par *tant, tellement, à un (tel) point + que* ou par *trop, assez + pour que* :

> La voiture chauffe *tellement* **qu'il faut (faudrait) s'arrêter**.
> Il pleut *trop* **pour que je sorte**.

– portant sur un **adjectif** ou un **adverbe**, elle est introduite par *si, tant, tellement + adjectif* ou *adverbe + que* ou par *trop, assez + adjectif* ou *adverbe + pour que* :

> Elle était *si* contente **qu'elle battait des mains**.
> Il pleut *trop* fort **pour que l'on sorte**.

– portant sur un **nom**, elle est introduite par *un(e) tel(le), tant de + nom + que* ou par *trop de, assez de + nom + pour que* :

> Il manifestait *une telle* joie **que je n'ai pas voulu le décevoir**.
> Il y a *trop de* vent **pour que je sorte**.

3 Autres moyens d'exprimer la conséquence
• Le sens de certains mots :

> Son retard scolaire est la **conséquence** de ses absences répétées.
> La disparition de nombreux animaux **résulte de** la pollution.

• La coordination : Les piles sont mortes **donc (alors)** la lampe s'est éteinte.

• La juxtaposition et la ponctuation : Les piles étaient usées : **la lampe s'est éteinte**.

• La proposition subordonnée relative appositive, à valeur consécutive : Un coup de vent assaillit le voilier, **qui se retourna**.

Cause et conséquence : Un peu de logique (2)

Selon la manière dont le locuteur envisage la situation, la langue permet d'exprimer la cause ou la conséquence.
– En conservant le rapport logique de la réalité :

Comme
Puisque il est tombé, le verre est certainement cassé.
Du moment que...
cause

Le verre est tombé, **de sorte qu'** / **si bien qu'...** il est certainement cassé.
conséquence

– En inversant le rapport logique de la réalité, dans la **déduction** :

Puisque
Comme le verre est cassé, il est certainement tombé.
Du moment que...
cause

Le verre est cassé, **si bien qu'** / **de sorte qu'** il est certainement tombé.
conséquence

Le bris du verre est la *cause logique* de la déduction que j'en tire → le verre est certainement tombé, *conséquence logique* de mon raisonnement.

Puisque le verre est cassé, j'en conclus qu'il est certainement tombé.
postulat (cause)   *déduction (conséquence)*

L'expression de la conséquence

Les autres manteaux avaient empiété sur l'emplacement du mien, <u>qui maintenant adhérait au mur sans aucun support.</u> Mais il s'enfuyait car les autres manteaux s'étaient lancés à sa poursuite. Il gesticulait pour se rapprocher de moi. J'avais une formidable envie de me lever et d'aller me porter à son secours. Mais les deux bras du fauteuil dans lequel j'étais assise se rapprochaient l'un de l'autre, m'étreignaient *si* violemment la taille <u>que je ne pouvais bouger de ma place.</u> Et je voyais les autres manteaux dépecer rageusement le mien. (...) Et moi, les lèvres salées de larmes, je suivais des yeux ces petits morceaux de tissu qui me jetaient des regards de reproche et de mépris *tels* <u>que je baissais les yeux.</u>
Mon regard se posait sur le téléphone du bureau qui tintait sans relâche. La sonnerie ressemblait à un hurlement. (...) Je décrochais : « Allô ! Allô ! » Personne ne répondait. Je criais encore : « Allô ! Allô ! » mais il n'y avait personne au bout du fil. Pourtant dès que je raccrochais, le téléphone hurlait <u>au point de faire trembler le bureau, les armoires et les murs.</u>

Spojmaï ZARIÂB, *La plaine de Caïn* (Trad. D. Leroy), Souffles éd.

Exprimer le but

1 Les compléments circonstanciels de but
Le complément circonstanciel de but peut être :

- un groupe nominal
introduit par une préposition ou (une locution prépositive) : *pour, en vue de, de peur de, de crainte de*, etc. :
>   Il s'entraîne **en vue du match**.
>   Il faut isoler le malade **de peur de la contagion**.

- un verbe à l'infinitif
introduit par une préposition (ou une locution prépositive) : *pour, en vue de, afin de, de peur de, de crainte de*, etc. :
>   Je suis venu, **afin de vous rencontrer**.
>   Je me suis caché, **de peur de les rencontrer**.

2 Les propositions subordonnées compléments circonstanciels
La proposition subordonnée circonstancielle de but est introduite par une conjonction de subordination (ou locution conjonctive) : *pour que, afin que, de peur que, de crainte que*, etc. :
>   Je crie **pour que tu m'entendes**.
>   Il marche sur la pointe des pieds **de peur qu'on (ne) l'entende**.

3 Autres moyens d'exprimer le but
- Le sens de certains mots :
>   Il **veut** gagner la course.
>   Son **intention** est d'enseigner. Instruire est le **but** de sa vie.

- La proposition subordonnée relative au subjonctif a souvent une valeur de but :
>   Je cherche une maison **qui ait des volets verts**. (≠ Je cherche une maison *qui a* des volets verts.)

But et conséquence : Un peu de logique

- Le but suppose une intention
- pour *obtenir* quelque chose : Il crie **pour que je l'entende.**
- pour *éviter* quelque chose : Il crie **de peur que je ne l'entende pas.**

Le but n'inscrivant pas l'action dans la réalité, mais dans le désir du sujet, le mode lié à l'expression du but est toujours le **subjonctif.**

- La conséquence constate simplement le résultat de l'action : elle inscrit donc le fait dans la réalité. Le mode lié à la conséquence est alors principalement l'*indicatif.*

Il crie, **si bien que je l'entends.**
(Il crie, c'est un fait, je l'entends c'est un autre fait, qui est la conséquence du premier. L'intention de celui qui crie n'est pas précisée : il peut crier pour de multiples raisons autres que de se faire entendre de moi.)

- C'est le choix de l'indicatif ou du subjonctif qui permet de différencier les propositions subordonnées circonstancielles de but et de conséquence introduites par *de sorte que* :

La foule poussait, **de sorte que les grilles cédèrent (ont cédé, avaient cédé, cédaient).**
(**Conséquence** → Les grilles ont effectivement cédé, la foule ne le désirait peut-être pas, mais cela a été le résultat de la poussée.)

La foule poussait **de sorte que les grilles cédassent (cèdent).**
(**But** → Les grilles ne céderont pas nécessairement, mais la foule le souhaite, c'est dans ce but qu'elle pousse.)

L'expression du but et de la conséquence

Pangloss enseignait la métaphysico-théologo-cosmolonigologie. Il prouvait admirablement qu'il n'y a pas d'effet sans cause et que dans ce meilleur des mondes possibles le château de monseigneur le baron était le plus beau des châteaux et madame la meilleure des baronnes possibles.
« Il est démontré, disait-il, que les choses ne peuvent être autrement : car, tout étant fait pour une fin, tout est nécessairement pour la meilleure fin. Remarquez bien que les nez ont été faits pour porter des lunettes, aussi avons-nous des lunettes. Les jambes sont visiblement instituées pour être chaussées, et nous avons des chausses. Les pierres ont été formées pour être taillées, et pour faire des châteaux, aussi monseigneur a un très beau château ; le plus grand baron de la province doit être le mieux logé ; et, les cochons étant faits pour être mangés, nous mangeons du porc toute l'année : par conséquent ceux qui ont avancé que tout est bien ont dit une sottise ; il fallait dire que tout est au mieux. »

VOLTAIRE, *Candide.*

La conséquence, exprimée par coordination ou juxtaposition, est soulignée en vert.

Exprimer l'opposition et la concession

1 **Les compléments circonstanciels d'opposition et de concession**
Le complément circonstanciel d'opposition peut être
- un groupe nominal introduit par une préposition (ou une locution prépositive) : *sans, avec, excepté, malgré, en dépit de*, etc. :
  Il est sorti **malgré le froid.**
- un verbe à l'infinitif introduit par une préposition (ou une locution prépositive) : *sans, loin de, au lieu de*, etc. :
  J'irai faire des achats **au lieu de manger.**
- un verbe au gérondif précédé de *tout* :
  Tout en ayant toujours l'air distrait, il est au courant de tout.
- un adjectif qualificatif ou un participe présent apposés introduits par *bien que* :
  Bien que satisfait, il ne l'a pas montré.
  Bien que conduisant vite, le chauffeur est très prudent.

2 **Les propositions subordonnées compléments circonstanciels**
- Les propositions subordonnées circonstancielles *non liées à un degré d'intensité* peuvent être introduites par les conjonctions de subordination (ou locutions conjonctives) :
  – *pendant que, alors que, tandis que, même si,* etc., pour l'opposition :
    Tu prends ton temps, **alors que je me dépêche.**
  – *bien que, quoique, sans que, loin que, quand bien même, alors même que,* etc., pour la concession :
    Tu prends ton temps, **bien que nous soyons en retard.**
    Tu prendrais ton temps, **quand bien même tu serais en retard.**

- Les propositions subordonnées circonstancielles de concession liées à un degré d'intensité
  – portant sur un **nom,** elles sont introduites par les locutions conjonctives *quelque + nom + que* ou *quel que soit + nom + que* :
    Quelques médicaments qu'on lui prescrive, il ne les prend jamais.
    Quelle que soit sa force, il ne pourra pas enfoncer la porte.

  – portant sur un **adjectif qualificatif** ou un **adverbe,** elles peuvent être introduites par les locutions conjonctives *si, quelque, pour, tout + adjectif* ou *adverbe + que* :
    Pour maladroit qu'il paraisse, il a quand même réussi.

  – exprimée par un **pronom relatif** sans antécédent, elles sont introduites par *qui que (ce soit que / qui), quoi que (ce soit que), où que (ce soit que),* etc. :
    Quoi que tu dises, je ne te croirai pas.
    Où que vous alliez, on ne vous ouvrira pas.

Opposition / concession et conséquence : Un peu de logique

L'opposition et la concession consistent à rapprocher deux faits pour les opposer. Bien que les notions d'opposition et de concession ne soient pas grammaticalement différenciées, le sens permet de les distinguer :

- L'opposition oppose deux faits relativement indépendants :
Il est blond, **tandis que son frère est très brun.**

- La concession s'oppose à une relation logique, le plus souvent de cause à effet :
Tu prends ton temps, **bien que nous soyons en retard.**
Tu te dépêches, **bien que nous ne soyons pas en retard.**
Relation de cause à effet alors impliquée :
Quand on est en retard,   on ne devrait pas prendre son temps.
Quand on n'est pas en retard,   on ne devrait pas se dépêcher.
Quand   **cause**   *donc*   **conséquence**

Dans les deux cas, la conséquence logique n'est pas réalisée, la cause logique n'est pas opérante. Le rapport logique présenté par la concession peut s'établir à partir d'idées communément admises, mais pas forcément justes. Il convient donc, pour comprendre, d'examiner non seulement les faits opposés mais la mise en relation même de ces faits.

Concession	Relation de cause à effet sous-jacente
Il était, quoique riche, à la justice enclin. (Hugo)	→ Quand on est riche, on n'est pas enclin à la justice.
Il appela Eugénie qu'il ne voyait pas quoiqu'elle fût agenouillée devant lui. (Balzac)	→ Quand quelqu'un est agenouillé devant soi, on devrait le voir.
Quelque ressemblance qu'il y eût entre Henry et lui, c'étaient deux hommes fort distincts. (Flaubert)	→ Quand deux hommes présentent des ressemblances, ils devraient être peu distincts.
Si pauvre qu'il fût il trouvait moyen d'apporter un souvenir à chacun. (Rolland)	→ Quand on est très pauvre, on ne peut rapporter un souvenir à chacun.
Nul ne se soucie, pour brave qu'il soit, d'affronter le lion en son antre même. (Gautier)	→ Quand on est très brave, on devrait oser affronter le lion dans son antre même.
Bien que Bertrand conduisît très vite, Élisabeth n'éprouvait aucune crainte à son côté. (Troyat)	→ Quand quelqu'un conduit très vite, son passager devrait éprouver de la crainte à son côté.
Une sorte d'horreur religieuse l'envahissait quoique le lieu n'eût rien de sinistre. (Gautier)	→ Quand un lieu n'a rien de sinistre, on ne devrait pas être envahi par une horreur religieuse.

Exprimer l'hypothèse et la condition

1 Les compléments circonstanciels de condition
Le complément circonstanciel de condition peut être :
- un groupe nominal introduit par une préposition (ou une locution prépositive) : *sans, avec, en cas de,* etc. : **Sans ses lunettes,** il ne verrait rien.
- un verbe à l'infinitif introduit par une préposition (ou une locution prépositive) : *à, à moins de, à condition de,* etc. : **À moins d'arriver tôt,** il ne pourra dîner.
- un verbe au gérondif : **En prenant le raccourci,** nous pourrions le rattraper.

2 Les propositions subordonnées compléments circonstanciels
- La proposition subordonnée circonstancielle de condition est introduite par
  − *si* → le verbe est à l'*indicatif* : **Si tu en prends soin,** je te prête ma voiture.

  − *suivant que, selon que, ...* → le verbe est à l'*indicatif* (ou au conditionnel) : **Selon qu'il trouvera(it) ou non du travail,** il cherchera(it) un appartement.

  − *au cas où, dans l'hypothèse où,...* → le verbe est au conditionnel : **Au cas où il téléphonerait,** demande-lui de rappeler.

  − *que, pourvu que, à moins que, ...* → le verbe est au subjonctif : Il dînera avec nous, **à moins qu'il ne soit retardé.**

Quand deux subordonnées circonstancielles de condition se suivent,
  − les deux conditions sont sur le même plan → *si...* et *si ....+ indicatif* : **S'il** fait beau et **si tu peux sortir, ...**
  − la deuxième condition est subordonnée à la réalisation de la première → *si...* et *que... + subjonctif* : **S'il** fait beau et **que tu puisses sortir,...**

- La proposition participiale : **Le contrat signé,** nous ne pourrions refuser de partir.

3 Autres moyens d'exprimer l'hypothèse et la condition
- Le sens de certains mots, l'emploi de la structure figée *n'était...* : **Supposons** qu'il reste des places. **N'était** le manque de chauffage, nous aurions voyagé confortablement.

- La juxtaposition ou la coordination de certaines indépendantes au conditionnel, au subjonctif, ou à l'imparfait de l'indicatif : Le train **arrivait (serait arrivé)** à l'heure, (et) nous le **manquions (l'aurions manqué).**

- Une phrase interrogative ou impérative : **Manque-t-il quelqu'un ?** Il s'en aperçoit tout de suite. **Donnez-lui des conseils,** il ne les écoute même pas.

- La construction par apposition : **Nettoyé,** ce vêtement serait mettable.

- La proposition relative au conditionnel ou au subjonctif, à valeur hypothétique : Un promeneur **qui serait (fût) passé par là** nous aurait crus fous.

Emploi des temps et des modes dans la phrase hypothétique dont la subordonnée est introduite par *si*.

	Sens	Subordonnée de condition	Principale	Exemples
L'hypothèse porte sur le présent	Action réalisable	*Indicatif* présent	*Indicatif* présent *Impératif*	Si tu le dis, je te crois. Fais-le, si tu veux.
	Action non réalisable *(Irréel du présent)*	*Indicatif* imparfait	*Conditionnel* présent	Si j'avais ton âge, je ferais comme toi.
L'hypothèse porte sur le futur	Action réalisable	*Indicatif* présent	*Indicatif* futur *Impératif*	S'il ne pleut plus demain, nous sortirons. Si l'on sonne pendant mon absence, n'ouvrez pas.
	Action moins probable, mais réalisable *(éventuel)*	*Indicatif* Imparfait	*Conditionnel* présent	S'il ne pleuvait plus demain, nous sortirions.
L'hypothèse porte sur le passé	Action réalisée ou non	*Indicatif* passé composé, passé simple, imparfait	*Indicatif* présent, futur, imparfait, etc.	Si vous l'avez volé, vous êtes un voleur. S'il se levait, tout le monde l'imitait.
	Action non réalisée *(Irréel du passé)*	*Indicatif* plus-que-parfait imparfait	*Conditionnel* présent, passé *Indicatif* imparfait	S'il avait ri, je l'aurais imité. Si j'avais joué, j'aurais gagné. S'il reculait (avait reculé) d'un pas, il tombait.
Usage classique ou littéraire		*Subjonctif* plus-que-parfait	*Subjonctif* plus-que-parfait	Si j'eusse soupçonné vos ennuis, je vous fusse venu en aide.

Voici comment je prouve que la boisson ne va pas au poumon, mais au ventre.

Si la boisson allait au poumon, quand ce dernier est rempli, j'affirme qu'on ne respirerait ni ne parlerait facilement, car rien ne pourrait faire résonner le poumon, qui serait plein. Cela fait une preuve. Ensuite, si la boisson allait au poumon, les aliments restés secs en nous ne se digéreraient pas de la même façon. Cela fait deux preuves. Les purgatifs que nous buvons sortent du ventre. Tous les purgatifs, par le haut, par le bas ou par les deux voies, ont les mêmes effets : tous brûlent fortement et les plus forts d'entre eux, s'ils touchent à une partie tendre du corps, l'ulcèrent ; les plus légers mêmes causent du trouble, si on en frotte quelque endroit de la peau. Si l'un de ces médicaments allait au poumon, il me semble qu'il y ferait grand mal, car le poumon est chose tendre et poreuse, et s'il est ulcéré, on ne se portera pas bien, pour beaucoup de raisons. Le ventre, par contre, n'est pas ulcéré par le médicament, car c'est une chose résistante comme la peau.

HIPPOCRATE, *Des Maladies*, IV, (Trad. R. Joly), Les Belles Lettres éd.

Exprimer la comparaison

1 La comparaison dans la phrase simple
- Les compléments circonstanciels de comparaison sont des groupes nominaux ou des pronoms introduits par
  - une locution prépositive : *à la façon de, à la manière de, contrairement à, auprès de*, etc. : Ils vivent **à la manière des serfs du Moyen Âge**.

  - l'adjectif *tel*, qui s'accorde, en principe, avec le deuxième terme de la comparaison : Sa voix claqua **tel(le) un fouet**.

  - une conjonction de subordination (qui introduisait une proposition subordonnée complète) : *comme, ainsi que, de même que*, etc. : Il marche **comme toi**.

- Les compléments du comparatif ou du superlatif sont liés au degré de signification de l'adjectif, de l'adverbe et du nom. Ils sont introduits par *que* ou *de* : C'est l'élève *le plus* grand **du lycée**. Je cours plus vite **que toi**. J'ai autant de chances **que lui**.

2 La comparaison dans la phrase complexe
- La proposition subordonnée circonstancielle de comparaison est introduite par les conjonctions de subordination (ou les locutions conjonctives) : *comme, ainsi que, de même que, de la même façon que*, etc. : Les mots sortaient de sa bouche **comme l'eau jaillit d'une source**.

Dans la locution *tel que*, *tel* s'accorde toujours : J'ai rendu ces livres **tels qu'on me les avait prêtés**.

Lorsque la proposition subordonnée est placée en tête de phrase, la principale peut reprendre la comparaison à l'aide de *ainsi* : **Comme** l'eau jaillit d'une source, **ainsi** les mots sortaient de sa bouche.

- La proposition subordonnée complément du comparatif est introduite par la conjonction de subordination *que* : Ce sac est *plus* lourd **que je (ne) le pensais (l'aurais pensé)**.

- La proposition subordonnée complément du superlatif est introduite par un pronom relatif : C'est la *plus* belle histoire **que je connaisse (connais)**.

3 Autres moyens d'exprimer la comparaison
- Le sens de certains mots : Ce poisson **ressemble à** une pierre.

- La juxtaposition : Pierre est grand, son frère **également (aussi)**.

- La coordination : Pierre est grand **et (mais, or)** son frère l'est moins.

- Des constructions parallèles : **Autant** Pierre est grand, **autant** son frère est petit.

L'image : de la comparaison à la métaphore

- La **comparaison** comporte obligatoirement trois éléments :
- ce qui est comparé : le *comparé*,
- le *terme introducteur* de la comparaison,
- ce à quoi on compare : le *comparant*.

  Sur le clocher jauni,   la lune   comme   un point sur un i.
                        comparé terme de comparaison comparant

- Le procédé consistant à comparer sans terme de comparaison s'appelle la **métaphore**. Le passage à la métaphore suppose une identification à des degrés variés :

  Sur le clocher jauni,   la lune   est   un point sur un i.
  Sur le clocher jauni,   la lune,   point sur un i, ...
  Le point de la lune sur le i du clocher...

- Tout élément de la phrase peut devenir métaphorique. La métaphore tire sa valeur de l'originalité et du bonheur de l'image qu'elle évoque.
- Cela va des clichés de la langue courante, où l'image n'est même plus perçue (tous les *sens figurés* du dictionnaire) :

  Son cœur **se fend** devant la misère. Il **a fondu** en sanglots.

- aux innombrables réussites des écrivains et des poètes :

  ... Et **des parcelles d'or,** ainsi qu'un sable fin,
  Étoilent vaguement leurs prunelles mystiques.
  BAUDELAIRE, *Les Chats*

« Je devins amoureux de Claudine. Dame ! c'était une jolie fille, propre, avenante, avec une voix *plus* douce que miel. C'était *la plus* belle du pays, droite comme un mât, souple comme l'osier, fine et forte comme un canot de course. Ses yeux pétillaient comme du vieux cidre ; elle avait les cheveux noirs, les dents blanches, et son haleine était *plus* fraîche que la brise du large. (...) Je revins au bout de six mois, *plus* maigre qu'un tolet, mais *plus* amoureux qu'avant. »
GABORIAU, *L'Affaire Lerouge*, Le Livre de Poche éd.

Comme un chevreuil, quand le printemps détruit
L'oiseux cristal de la morne gelée,
Pour mieux brouter l'herbette emmiellée,
Hors de son bois avec l'aube s'enfuit ;

Et seul, et sûr, loin de chiens et de bruit,
Or sur un mont, or dans une vallée,
Or près d'une onde à l'écart recélée,
Libre folâtre où son pied le conduit ;

De rets ni d'arc sa liberté n'a crainte,
Sinon alors que sa vie est atteinte
D'un trait meurtrier empourpré de son sang ;

Ainsi j'allais sans espoir de dommage,
Le jour qu'un œil, sur l'avril de mon âge,
Tira d'un coup mille traits dans mon flanc.
RONSARD, *Les Amours de Cassandre*.

Quelques notions de versification

1 La mesure
• Le compte des syllabes
Le vers français comporte un nombre déterminé de syllabes. Ce nombre fixe constitue la **mesure** ou le **mètre** du vers. À la différence de la prose, toutes les syllabes sont articulées et comptent dans la mesure du vers.
Le **e muet** compte à l'intérieur du vers, lorsqu'il se trouve placé entre deux consonnes, la deuxième consonne pouvant être une marque d'accord *(es, ent),* ou la consonne qui commence le mot qui suit. Le e muet ne compte jamais à la fin du vers, ni lorsqu'il est suivi par une voyelle ou un h muet.

• Diérèse et synérèse
La **diérèse** consiste à articuler en deux syllabes, la **synérèse** en une seule syllabe, un groupe de voyelles : jouet → jou / et [ʒu ɛ] = diérèse   -   jouet [ʒwɛ] = synérèse.

• Les types de vers : les vers les plus courants sont les vers pairs de : 12 syllabes (alexandrins) ; 10 syllabes (décasyllabes) ; 8 syllabes (octosyllabes).

2 Le rythme
Le rythme du vers français résulte des pauses et des accents d'intensité.
− Le rythme de l'alexandrin
L'alexandrin classique est divisé en parties égales de six syllabes (les **hémistiches**) par une forte pause (la **césure**). Chaque hémistiche comporte un **accent fixe** sur la dernière syllabe, et un **accent mobile,** qui met en relief le mot sur lequel il tombe. Ces accents mobiles permettent des combinaisons variées, qui donnent au vers des lignes mélodiques différentes. Le **tétramètre** est l'alexandrin au rythme régulier accentué sur les 3e, 6e, 9e et 12e syllabes.
− Enjambement et rejet
Lorsque la proposition grammaticale dépasse la limite du vers et, supprimant la pause de fin de vers, se poursuit au vers suivant, on parle d'**enjambement.**
L'enjambement élargit et ralentit le rythme du vers.
Un autre effet de rythme consiste à rejeter un ou deux mots au début du vers suivant, c'est le **rejet.** Inversement, si la proposition commence à la fin du vers précédent pour se poursuivre dans le vers suivant, on parle de **contre-rejet.** Rejet et contre-rejet cassent le rythme du vers et, en général, l'accélèrent.

3 La rime et les sonorités
La rime est la répétition d'une même voyelle accentuée, plus les consonnes qui suivent, à la fin de deux vers (eff**ort** / acc**ord** - gen**oux** / hib**oux**). On appelle **assonance** le retour plus ou moins fréquent d'un son-voyelle, **allitération** celui d'un son-consonne.
La poésie classique fait alterner les rimes féminines (l**une**/comm**une**) et les rimes masculines (char**mant**/dia**mant**). La poésie moderne fait alterner les rimes vocaliques (gen**oux**/hib**oux**) et consonantiques (eff**ort**/acc**ord**).

Les rimes

- **Qualité des rimes**
  - Rimes pauvres → seule la voyelle accentuée est commune aux deux mots : gen**oux** / hib**oux**.
  - Rimes suffisantes → voyelle accentuée + un autre son (avant ou après) : eff**ort** / acc**ord**.
  - Rimes riches → voyelle accentuée + deux autres sons ou plus (avant et/ou après) : vit**rail** / co**rail** - fant**astique** / él**astique**.

- **Disposition des rimes**
  - Rimes plates → aa bb cc dd...   –   embrassées → abba cddc...   –   croisées → abab cdcd...

Le poème

- **Les strophes**

Les strophes d'un poème régulier sont toutes construites sur le même modèle. La strophe est à la fois un ensemble rythmique et un cadre logique.

2 vers = distique   –   3 vers = tercet   –   4 vers = quatrain   –   5 vers = quintil.
sizain (6) - septain (7) - huitain (8) - neuvain (9) - dizain (10).

hémistiche hémistiche		
diérèse │césure		
Pleu **rez**, doux al cy **ons**, // ô **vous** oi seaux sa **crés**,	a	alexandrins
Oi **seaux** chers à Thé **tis**, // doux al cy **ons**, pleu **rez** !	a	
Ell(e) a vé **cu**, Myr **to**, // la **jeu** ne Ta ren **tin**(e).	b	
Un vais **seau** la por **tait** // au **bord** de Ca ma **rin**(e).	b	
Là, l'hy **men**, les chan **sons**, // les **flû** tes, len te **ment**	c	contre-rejet
De **vaient** la re con **dui** r(e) // au **seuil** de son a **mant**.	c	
U ne **clef** vi gi **lant**(e) // **a**, pour cet te jour **né**(e),	d	
Dans le **cè** dr(e) en fer **mé** // sa **ro** be d'hy mé **né**(e)	d	enjambement
Et l'**or** dont au fes **tin** // ses **bras** se raient pa **rés**	e	enjambement
Et pour ses **blonds** che **veux** // les par **fums** pré pa **rés**.	e	
Mais, **seu** le sur la **prou**(e), / in vo quant les é **toil**(es),	f	
diérèse Le **vent** im pé tu **eux** // qui souf flait dans les **voil**(es)	f	rejet
L'en ve **lopp**(e). É ton **née**, // et **loin** des ma te **lots**,	g	
El le **crie**, el le **tomb**(e), // ell(e) est au **sein** des **flots**.	g	
Ell(e) est au **sein** des **flots**, // la **jeu** ne Ta ren **tin**(e).	h	
Son beau **corps** a rou **lé** // sous la **va** gue ma **rin**(e).	h	tétramètre

André CHÉNIER, *La jeune Tarentine*.

Les conventions d'écriture

Usage de la ponctuation

* Maj. = Le signe de ponctuation est suivi ou non d'une majuscule

	Emploi	Maj.*	Exemples
Point	• Le point isole les phrases. Il marque l'indépendance de l'énoncé dans le contexte. Il se traduit par une pause importante à l'oral.	oui	• Il faisait froid. Les rues étaient animées ce samedi matin. Les passants s'attardaient devant les vitrines décorées.
	• Il se place après chaque lettre constitutive d'un sigle et après tout mot écrit en abrégé (sauf si l'abréviation comporte la dernière lettre du mot).	non	• E.D.F. ; S.N.C.F. ; O.N.U. adj. poss. ; c.-à-d. ; cf. p. 10 ; ct circ. de temps.
Point-virgule	• Comme le point, le point-virgule isole des phrases, mais il implique toujours une certaine relation entre les deux énoncés qu'il sépare. Il se traduit, à l'oral, par une pause moins importante que le point.	non	• Ce que nous savons, c'est qu'il viendra ; ce que nous ignorons, c'est à quelle heure.
Point d'exclamation	• Le point d'exclamation se met après une phrase exclamative.	oui	• Quelle mine sombre vous avez ! Comme c'est curieux !
	• On l'emploie aussi après une interjection ou une locution interjective.	non	• « Ô rage ! ô désespoir ! …. » (Corneille) Oh ! amusant !
Point d'interrogation	• Le point d'interrogation traduit l'interrogation directe.	oui	• La lampe était-elle éteinte ? Personne ne l'a remarqué.
		non	• « Qu'avez-vous fait ? » demanda-t-elle. Pourquoi ? ou plutôt pour quoi ?
Points de suspension	Les points de suspension s'emploient pour marquer qu'un énoncé n'est pas achevé ; • soit qu'il ait été interrompu,	oui	• – Je vais prendre… – Des mesures, je sais, l'interrompit-il.
	• soit que le narrateur laisse imaginer la suite, ou laisse le temps de l'imaginer, pour ménager ses effets.	non	• L'obscurité était épaisse… « L'abbé Martin était curé… de Cucugnan. » (Alphonse Daudet)
Virgule	• La virgule se traduit par une faible pause à l'oral. Elle permet d'isoler les groupes mobiles de la phrase. • Elle sépare les termes d'une énumération. • Elle permet de lever des ambiguïtés de construction.	non	• « Le matin, quand il fait beau, je vais faire une course au bois », dit-il simplement. • Ses yeux étaient noirs, brillants, pleins de feu. • Le poète chante la nuit. / Le poète chante, la nuit.
Deux points	• Les deux points servent à présenter un terme annoncé ou une énumération. • Ils peuvent souligner un rapport de cause ou de conséquence.	non	• Je n'ai qu'un désir : dormir. Il déballa les provisions : des œufs, du pain, du jambon. • Je mets mes bottes : il pleut. Il pleut : je mets mes bottes.
	• Ils s'emploient avec les guillemets pour insérer du discours direct dans le récit.	oui	• Il s'écria : « Où me conduisez-vous ? » Personne ne lui répondit.

	Emploi	Maj.	Exemples
Guillemets	• Les guillemets s'emploient au début et à la fin d'un passage au discours direct. • Dans le dialogue, les guillemets encadrent l'ensemble des répliques. Les changements d'interlocuteur sont signalés par des tirets. • Les guillemets peuvent isoler un groupe, ou un terme, que le narrateur cite ou ne prend pas à son compte.	oui non	• Elle disait : « Si je pouvais voler, je partirais vers les pays du soleil. » • « J'ai froid, dit-il. – Tu n'as pas de manteau ? s'étonna-t-elle. – Si, mais il est trop léger. » • « Elles estimèrent de leur "devoir" de m'emmener chez le médecin de famille. » (Valérie Valère)
Parenthèses	• Parenthèses, crochets, tirets encadrent, dans la phrase, des éléments isolés, non indispensables au sens.	non	• Une petite fille (de sept ou huit ans) se présenta.
Tirets		non	Une fillette – une enfant de sept ou huit ans – se présenta.
Crochets	• Les crochets, moins usités, sont surtout utilisés pour isoler une indication contenue dans des parenthèses (ou en contenant déjà elle-même), pour signaler, dans une citation, un mot qui a dû être remplacé pour diverses raisons (pour rendre l'extrait plus clair, par exemple).	non	• L'auteur évoque le problème [cf. tome 2 (p. 192)]. « Du nom de J. Racine (écrivain français [1639-1699]). » « Alors, [Bonaparte] devint empereur... (Prévert a écrit : «... *il devint...* »)

Usage des majuscules

Emploi	Exemples
• On met la majuscule au début d'une phrase, après un point et, quand ils terminent la phrase, après les points d'interrogation, d'exclamation ou de suspension. • On met toujours une majuscule au début du discours direct.	• Le vent soufflait en tempête. La mer était très agitée. Comme c'était beau ! Tout le monde s'extasia. Pourquoi ne pas le lui dire ? Il en serait ravi. • Elle lui demanda : « Souffres-tu beaucoup ? »
• On met une majuscule, en poésie, au début de chaque vers (sauf chez certains poètes contemporains).	• « Comme à cette fleur, la vieillesse Fera ternir votre beauté. » (Ronsard)
• Les noms propres se distinguent des noms communs par l'emploi de la majuscule : noms de personnes, noms de certaines époques historiques, noms géographiques, noms de peuples, noms de fêtes, noms de monuments, noms de dieux, etc. • Les noms relatifs aux religions, les noms de langues et les adjectifs issus de noms propres ne prennent pas de majuscule.	• Alphonsine Lolivier, Cervantès, l'Arioste, le Moyen Âge, les Croisades, le Romantisme, les Espagnols, un Chinois, Alençon, la mer Méditerranée, le mont Blanc, Noël, la Toussaint, l'Arc-de-Triomphe, l'Opéra, Dieu, Zeus, Vénus. • Les musulmans, les chrétiens, le chinois, le français, les auteurs anglais, la frontière allemande.

français

Usage des accents
Autres signes diacritiques

Signes	Emploi	Exemples
Accents	• Les accents, au nombre de trois, se placent sur les voyelles.	
Accent aigu é	• On ne met l'accent sur le **e** que lorsqu'il termine la syllabe (toutefois, ni le **e** ni le **s** en fin de mot n'entraînent la suppression de l'accent sur le **e** qui précède).	• é/té, siè/cle, tê/te, res/pect, er/reur, ef/fec/tuer, mausolée, fumée, invitée, invités, procès, progrès (pro/gres/ser).
Accent grave è, à, ù	• On ne met jamais l'accent sur le **e** quand il est suivi de **x**. • Les accents peuvent modifier la prononciation de la voyelle : **é** [e], **è** [ɛ], **ê** [ɛ], **ô** [o], **â** [ɑ].	• vexée, extérieur, indexer, excellent. • chassé, prés, près, frère, bête, rêve, cône, pôle, pâte, mâle.
Accent circonflexe â, ê, î, ô, û	• L'accent circonflexe peut signaler la disparition d'une ancienne lettre, il indique en principe l'allongement de la voyelle. • L'accent peut encore servir à différencier des homonymes (homophones).	• hôpital (hospital), forêt (forest), piqûre (piquure), dûment (duement). • où/ou, à/a, il pêche/il pèche, mûr/mur.
Tréma ï, ë, (ü)	• Le tréma indique le plus souvent qu'il faut articuler séparément les deux voyelles qui se suivent.	• haïr [air] et non [ɛr] ; aiguë [ɛgy] et non [ɛg] ; Noël [nɔɛl] et non [nwɛl], Emmaüs [emɑys] et non [emos].
Cédille	• La cédille, placée sous le **c**, le fait prononcer [s] devant **a, o, u**.	• façade, leçon, reçu.
Apostrophe	• L'apostrophe, placée derrière une consonne ou derrière le groupe **qu**, marque l'élision du **a**, du **e** ou du **i**.	• m'a, lorsqu'elle, l'eau, qu'il, s'il.
Trait d'union	Le trait d'union s'emploie : • dans les mots composés, y compris les prénoms, • entre le mot **saint(e)** et le nom suivant, quand il s'agit d'une rue, d'une fête, • dans les nombres, en dessous de cent, • devant **même, ci, là,** associés à un nom ou à un pronom, • entre le verbe et le sujet inversés, • à l'impératif, entre le verbe et son (ou ses) pronom(s) complément(s).	• œil-de-bœuf, petite-fille, sur-le-champ, demi-frère, Jean-François, Anne-Marie. • rue Saint-Vincent, la Saint-Jean, à la Saint-Michel, Saint-Quentin, Sainte-Lucie, • quatre-vingt-trois, cent soixante-dix-sept. • lui-même, celui-ci, cette robe-là. • pouvez-vous, dirent-ils, murmura-t-elle. • regardez-la, donne-moi, cache-le-lui.

Les figures de rhétorique

Allégorie : La mort représentée par une personne portant une faux.
Idée générale ou abstraite mise en scène sous une représentation concrète.

Alliance de mots (oxymoron) : « Cette **obscure clarté** qui tombe des étoiles... » (Corneille)
Rapprochement de deux mots dont le sens est apparemment inconciliable.

Anacoluthe : « Mais, **seule** sur la proue, (...) **le vent** impétueux (...) l'enveloppe ». (Chénier)
Rupture de la construction d'une phrase, souvent contraire aux règles de la grammaire.

Anaphore : « **Mon bras** qui tant de fois a sauvé cet empire, / **Mon bras** qu'avec respect toute l'Espagne admire, (...) » (Corneille)
Répétition d'un même mot dans une phrase ou au début de chaque phrase, de chaque vers.

Antiphrase : Comme c'est **intelligent**, tu pouvais te tuer !
Procédé ironique consistant à dire le contraire de ce qu'on veut suggérer.

Antithèse : « Ton bras est **invaincu** mais non pas **invincible** » (Corneille)
« ...Celui de qui **la tête au ciel était voisine**, / et dont **les pieds touchaient à l'empire des morts**. » (La Fontaine)
Mise en relief de deux expressions en les opposant.

Antonomase : Un **hercule** de foire. Cette fille est une **cruche**.
Substitution de mot par laquelle on emploie un nom propre pour un nom commun et inversement. L'antonomase consiste encore à désigner un individu par un animal ou un objet symbole.

Chiasme : « Pleurez, doux alcyons, ... / doux alcyons, pleurez ! » (Chénier)   a   b   b   a
Disposition symétrique (ab/ba) des éléments constitutifs des deux groupes d'une antithèse, d'un parallélisme, etc.

Ellipse : Il fait **un froid...** ! On **les** met. (familier)
Effet d'intensité créé par le sous-entendu (inachèvement de la phrase, utilisation d'un pronom, etc.).

Euphémisme : « Elle **a vécu**, Myrto... » (pour : *Elle est morte*.) (Chénier)
Type particulier de périphrase visant à atténuer l'expression d'une réalité brutale ou blessante.

Gradation : « Va, cours, vole... » (Corneille)
Énumération par coordination ou juxtaposition de plusieurs termes de force croissante.

Hypallage : « Le marchand accoudé sur son comptoir **avide**. » (Hugo)
Déplacement grammatical de la détermination sur un autre mot que celui attendu. Dans l'exemple, c'est le marchand et non le comptoir qui est avide.

Hyperbole : « ...Celui [le chêne] de qui la tête **au ciel était voisine**, / et dont les pieds **touchaient à l'empire des morts**. » (La Fontaine)
Exagération dans les termes que l'on emploie, pour insister sur une idée.

Litote : « Va, je **ne te hais point**. » (pour : *Je t'adore*.) (Corneille)
Procédé inverse de l'hyperbole qui consiste à dire peu pour suggérer beaucoup.

Métaphore : « ...Vous êtes resté immobile au bord de **l'océan des hommes** et vous avez regardé dans **les eaux la réflexion de votre propre lumière**. » (Musset)
Image qui consiste à identifier deux termes par le biais d'une comparaison dont on a supprimé le terme introducteur.

Métonymie, synecdoque : Une **fine lame** (= un escrimeur habile) - trente **voiles** (= trente bateaux) - ...le **cèdre** (= le coffre en cèdre).
Désignation d'un objet par l'une de ses parties ou remplacement d'un mot par un autre auquel il est habituellement associé.

Paradoxe : Quand on sait faire une chose, on la fait, quand on ne sait pas la faire, on **l'enseigne**.
Proposition surprenante, qui va à l'encontre de ce que l'on attend.

Paronomase : Qui se **ressemble** s'**assemble**. Qui **vivra verra**. Qui **a bu aboie**. **Veni, vidi, vici**...
Jeu sur la paronymie : mots dont la forme se ressemble, mais dont le sens est différent.

Périphrase : Le roi des animaux (= le lion) – Le conseiller des grâces (= le miroir, chez les Précieux).
Utilisation d'un groupe de plusieurs mots pour évoquer un mot sans l'utiliser.

Pléonasme, redondance : Descendre **en bas** - Calme et **paisible**...
Utilisation de deux termes dont l'un est superflu.

Prétérition : **Il n'est pas bon que vous sachiez** combien il vous aimait... **Mieux vaut que vous ne sachiez pas** que vous êtes ses héritiers, car, **si vous le saviez**, qu'adviendrait-il ? (Shakespeare) Dire quelque chose en affirmant précisément qu'on ne veut pas le dire.

Prosopopée : Elle *[la nature]* me *dit* : « Je suis l'impassible théâtre / Que ne peut remuer le pied de ses acteurs... » (Vigny)
Action de faire parler un mort ou un inanimé.

Syllepse : On est bien **gentille**, ce matin !
Accord selon le sens et non selon les règles de la grammaire.

Zeugma, attelage : « Plus tard, il devint empereur. Alors il prit **du ventre** et **beaucoup de pays**. » (Prévert)
Construction d'un mot polysémique avec deux compléments n'appartenant pas aux mêmes catégories d'emploi de ce mot.

Nature et fonction

L'analyse grammaticale consiste à définir la **nature** des mots (= la classe grammaticale à laquelle ils appartiennent) et leur **fonction** (= le rôle qu'ils occupent dans la phrase).

- **Nature**

On distingue 10 classes grammaticales différentes.

5 variables *(en nombre, en genre, en personne...)* :
les **noms** ;
les **déterminants** (articles ; adjectifs possessifs, démonstratifs, interrogatifs, exclamatifs, numéraux cardinaux, indéfinis) ;
les **adjectifs qualificatifs** (dont les adjectifs numéraux ordinaux) ;
les **pronoms** (personnels, possessifs, démonstratifs, interrogatifs, relatifs, indéfinis) ;
les **verbes**.

5 invariables :
les **adverbes** ;
les **prépositions** ;
les **conjonctions de subordination** ;
les **conjonctions de coordination** ;
les **interjections**.

Un mot peut faire partie de plusieurs classes grammaticales différentes selon son emploi dans la phrase.

Classes grammaticales de LE, LA, L', LES
Déterminants : **le** sable, **la** mer, **l'**été, **les** vagues
Pronoms personnels : Il **le** dit... **la** cueille... **l'**admire... **les** dessine

Classes grammaticales de QUE
Pronom relatif : Voici le livre **que** j'ai acheté.
Pronom interrogatif : **Que** dit-il ?
Conjonction de subordination : Je veux **que** tu viennes. Il est moins grand **que** toi.
Qu'il vienne ! Il a plu **pendant qu'**il se promenait.
Adverbe : **Que** tu es drôle !

Classes grammaticales de SI
Conjonction de subordination : Je ne sais **s'**il viendra. **S'**il pleut, je ne viendrai pas.
Adverbe : Il est **si** beau ! Ce n'est pas vrai ! **Si**.

Classes grammaticales de TOUT
Adjectif indéfini : **Tout** endroit me plaît. Il vient **tous** les jours.
Ils arrivaient de **toutes** parts.
Pronom indéfini : **Tout** est bien. Prenez-les **tous**. Une fois pour **toutes**.
Adverbe : Ils sont **tout** petits. **Tout** grands qu'ils sont...
Ils parlaient **tout** en marchant.
Nom commun : Il a acheté le **tout**.

● **Fonction**

Un même mot, appartenant à une seule classe grammaticale, peut occuper différentes fonctions selon le rôle qu'il joue dans les phrases où il est employé.

Les fonctions du nom
Sujet :	La **nuit** tombe.
COD :	Il attend la **nuit.**
COI :	Il s'inquiète de la **nuit.**
Complément d'agent :	Ils ont été surpris par la **nuit.**
Attribut du sujet :	Ses meilleurs souvenirs sont les **nuits** de Grèce
Attribut du COD :	Cette obscurité qu'on appelle la **nuit**...
Apposition :	La nuit, une **nuit** sans lune, tomba très vite.
Apostrophe :	Ô **nuit,** qu'il est profond ton silence !
Complément du nom :	Ils sortirent à la tombée de la **nuit.**
Complément de l'adjectif :	Il a toujours été amoureux de la **nuit.**
Complément circonstanciel :	Ils jouent, la **nuit.**

Les fonctions de l'infinitif
Sujet :	**Écrire** lui donne du plaisir.
COD :	Il voulait **écrire.**
COI :	Il s'obstine à **écrire.**
Attribut :	La meilleure solution serait d'**écrire.**
Apposition :	Cette occupation, **écrire,** l'absorbe entièrement.
Complément du nom :	Le plaisir d'**écrire** est incomparable.
Complément de l'adjectif :	C'est une lettre facile à **écrire.**
Complément circonstanciel :	Pour **écrire,** il me faudrait un stylo.

Les fonctions de l'adjectif
Épithète :	Les visiteurs **mécontents** ont été remboursés.
Apposition :	Les visiteurs, **mécontents,** ont été remboursés.
Attribut du sujet :	Les visiteurs semblent **mécontents.**
Attribut du COD :	On les dit **mécontents.**

Les fonctions de l'adverbe

Il est complément de détermination.
Il modifie le sens
d'un verbe :	Il parle **peu.**
d'un adjectif :	Il est **très** pâle.
d'un adverbe :	Il parle **très** calmement.
d'un nom :	C'est un homme **bien.**

Il est complément circonstanciel de :
lieu :	Je l'ai laissé **dehors.**
temps :	**Hier,** il a plu.
manière :	Il sortit **timidement** de la pièce.
cause :	**Pourquoi** pleures-tu ?
quantité :	**Combien** êtes-vous ?

L'adverbe de quantité joue souvent un rôle de déterminant : **Beaucoup** de garçons étaient déjà là.
L'adverbe d'opinion est complément de phrase : **Oui,** il l'a dit. **Peut-être** viendra-t-il seul.

français

Les fonctions du pronom interrogatif QUI
Sujet : **Qui** te l'a dit ?
Attribut du sujet : **Qui** êtes-vous ?
COD : **Qui** emmenez-vous au cinéma ?
COI : À **qui** parles-tu ?
Complément d'agent : Par **qui** as-tu été frappé ?
Complément circonstanciel : Chez **qui** logez-vous ?
Complément du nom : De **qui** portes-tu la veste ?
Complément de l'adjectif : De **qui** es-tu mécontent ?

Les fonctions du pronom relatif DONT
Complément de détermination du nom : La porte **dont** j'ai cassé la poignée...
(... la poignée *de la porte*)
Complément de détermination de l'adjectif : Il a acheté un stylo **dont** il est très satisfait.
(... très satisfait *du stylo*)
COI : Voici le livre **dont** je t'ai parlé.
(je t'ai parlé *du livre*)
Complément d'agent : Ses camarades, **dont** il est très aimé, l'ont élu.
(il est très aimé *de ses camarades*)
Complément circonstanciel de lieu : La ville **dont** je reviens est belle.
(je reviens *de la ville*)
Complément circonstanciel de moyen : Il ramassa une branche **dont** il frappa son ami.
(il frappa son ami *de la branche*)
Complément circonstanciel de cause : Connais-tu la maladie **dont** il est mort ?
(il est mort *de la maladie*)

Attention : Ne pas confondre la fonction du pronom relatif avec la fonction de la proposition relative dont il fait partie.

Les fonctions des propositions relatives
Épithète : L'homme **qui vient** est mon frère.
Apposition : Mon frère, **qui rentre du Brésil,** vient dîner ce soir.
Sujet : **Qui dort** dîne.
COD : Regarde **qui vient.**
COI : Je parle à **qui me plaît.**
Attribut du sujet : Il a l'air de **ce qu'il est.**
Complément circonstanciel : Je vais **où je veux.**

Les fonctions des complétives
Sujet : **Qu'il vienne** me surprendrait.
COD : Je veux **qu'il vienne.**
COI : Je m'attends **à ce qu'il vienne.**
Attribut : L'ennui est **qu'il vienne.**
Complément de détermination du nom : L'idée **qu'il vienne** augmente mon impatience.

Emploi imposé du mode du verbe dans la complétive

Verbe de la principale	Mode de la complétive	Exemples
Verbe de déclaration, d'opinion, ou de perception : **admettre, affirmer, annoncer, apercevoir, apprendre, assurer, avertir, dire, savoir, penser, voir**...	indicatif (ou conditionnel)	Il *affirme* qu'il **viendra (viendrait)**. Elle *écrit* qu'elle **a trouvé** du travail. Je *crois* qu'il **est (serait)** heureux. Nous *espérons* qu'il **fera** beau.
Verbe exprimant l'ordre, la défense, le doute, l'attente, la volonté ou le sentiment : **accorder, préférer, commander, défendre, demander, exiger, regretter**...	subjonctif	Tu *veux* qu'il **vienne**? Je *crains* qu'il n'**ait neigé**. Il *ordonna* qu'il **se présentât** sans tarder. Nous *souhaitons* qu'il **fasse** beau. J'*étais surpris* qu'il **eût su** conduire le camion.
Certains verbes de déclaration, d'opinion ou de perception à la forme négative ou interrogative : **penser, juger, estimer**...	indicatif (ou conditionnel) subjonctif	Pensez-vous qu'il **viendra (vienne)**? Je ne crois pas qu'il **a (ait)** faim. Nous n'espérons pas qu'il **fasse (fera)** beau.

Ce fut dans sa chambre que Mahaut reçut Mme de Séryeuse. Elle avait fait dire qu'elle n'était là pour personne, sauf pour elle. Les deux femmes parlèrent d'abord de choses indifférentes.
Mme d'Orgel ne savait comment aborder un tel sujet. Devant ce silence Mme de Séryeuse se dit : « Il faut que ce soit plus grave encore que j'imagine. » Et, persuadée de ses torts, elle commença, timide, comme si c'était elle qui eût été en faute : « Je n'ose vous apporter mes excuses au sujet de mon fils...
— Non, non, [dit] Mahaut, je vous affirme que François est étranger à ce drame. »
Mme de Séryeuse, convaincue que c'étaient là les derniers scrupules de Mahaut, s'écria qu'elle savait à quoi s'en tenir sur les sentiments de François.
— Que vous a-t-il dit? demanda Mme d'Orgel.
— Mais je le sais, enfin! répliqua Mme de Séryeuse.
— Mais quoi?
— Qu'il vous aime.
Mme d'Orgel poussa un cri. Mme de Séryeuse eut vraiment le spectacle d'une détresse humaine. Tout le courage de Mahaut venait-il d'une espèce de certitude que François ne l'aimait pas? Une joie folle éclaira une seconde son visage, avant que Mme de Séryeuse pût voir cet être déraciné, secoué par la douleur. (...) Elle comprit tout. Effrayée, elle chercha vite à se reprendre.
— Je vous en conjure, s'écria Mahaut, ne m'arrachez pas ma seule joie, ce qui me fera supporter mon devoir. Je ne savais pas qu'il m'aimât. »

RADIGUET, *Le Bal du comte d'Orgel*, Grasset éd.

Emploi imposé du mode du verbe dans la circonstancielle

Sens	Mode	Conjonctions de subordination	Exemples Les enfants tondront la pelouse...
Temps	indicatif (ou conditionnel)	quand, lorsque, comme, dès que, après que[1], au moment où, ...	... *quand* ils **seront** en vacances. ... *après qu*'ils **auront** déjeuné.
	subjonctif	avant que, jusqu'à ce que, en attendant que, ...	... *avant* qu'il ne **pleuve**. ... *jusqu'à ce qu*'il **fasse** nuit.
Cause	indicatif (ou conditionnel)	parce que, comme, sous prétexte que, puisque, non parce que, ...	*Comme* ils **sont** en vacances, ... *non parce que* cela leur **plaît**...
fausse cause niée	subjonctif	non que	... *non que* cela leur **plaise**, ...
Conséquence	indicatif (ou conditionnel)	si bien que, de sorte que, tant que, au point que, si... que, ...	... *si bien que* tu **peux** t'occuper du potager.
	subjonctif	trop ... pour que, assez ... pour que, pour que, ...	L'herbe est *trop* haute *pour que* tu **tondes** la pelouse. Il suffit qu'il le dise *pour que* tu **tondes** la pelouse.
But	subjonctif	pour que, afin que, de peur que, de crainte que, que, ...	... *pour que* tu **puisses** bêcher. ... *de peur que* tu ne le **fasses**.
Condition	indicatif	si, suivant que, selon que, ...	*Si* on le leur **dit**, ...
	subjonctif	pourvu que, à moins que, ...	... *à moins qu*'il ne **pleuve**.
	conditionnel	au cas où, dans l'hypothèse où, ...	... *au cas où* l'herbe **serait** trop haute.
Opposition	indicatif	alors que, tandis que, pendant que, même si, ...	... *alors que* tu ne **fais** rien ! ... *même si* tu ne le leur **dis** pas.
Concession	subjonctif	quoique, quoi que, bien que, sans que, quelque ... que, ...	... *sans qu*'on le leur **dise**. *Quelque* fatigués *qu*'ils **soient**, ...
	conditionnel	quand bien même, alors même que, ...	... *quand bien même* on le leur **interdirait**.
Comparaison	indicatif (ou conditionnel)	comme, ainsi que, de même que, tel que, de la même façon que, ...	... *ainsi que* le **faisaient** leurs cousins l'année dernière.

1. Selon la norme, APRÈS QUE est suivi de l'indicatif, mais l'usage actuel tend de plus en plus vers l'emploi du subjonctif, surtout dans la langue parlée.

Emploi des temps simples de l'indicatif

Temps	Sens	Exemples
Présent	• Temps de référence des autres temps de l'indicatif (c'est par rapport à lui que se situent les temps du passé et du futur), le présent exprime des actions qui se déroulent au moment où l'on parle. • Dans des énoncés au passé, il exprime : – des considérations générales, – le point de vue du narrateur, – la vivacité de l'action (présent de narration). • À l'oral, le présent peut traduire : – le passé proche, – le futur proche.	Depuis qu'il a marché sur la lune, l'homme **espère** qu'il atteindra d'autres planètes. « Ce siège **est** libre, vous **pouvez** le prendre. » Qui **dort dîne**. Un triangle **est** équilatéral s'il **a** trois angles égaux. Tous buvaient beaucoup, ce que je **déteste** particulièrement. « À la porte de la salle / Ils entendirent du bruit : / Le rat des villes **détale ;** / Son camarade le **suit.** » (La Fontaine) Vous l'avez manqué de peu : il **sort** à l'instant. J'**arrive** dans une minute.
Imparfait	• Temps du passé, l'imparfait sert à : – présenter l'action dans sa durée, – décrire, – exprimer des actions qui se répètent, – exprimer certaines valeurs circonstancielles, – évoquer une action sur le point de se produire. • Au discours indirect, l'imparfait peut ne plus avoir valeur de temps et correspondre au présent du discours direct. • Dans des énoncés au présent, l'imparfait peut servir à atténuer.	Dans la rue **passaient** des voitures. Le chemin **était** étroit et sinueux. Il **partait** vers 8 h, **prenait** le train de 8 h 33 et **arrivait** à 9 h. Il sursauta : le moindre bruit le **terrifiait**. (cause) Un pas de plus et il **tombait** dans la crevasse ! Il répondit qu'il **avait** froid. *(Il répondit : « J'ai froid. »)* Vous **désiriez…** ?
Passé simple	• Le passé simple présente l'action dans sa ponctualité, comme achevée, quelle qu'en ait été la durée. C'est, en général, un temps du récit écrit. • En opposition avec l'imparfait, le passé simple peut exprimer la soudaineté de l'action. • Dans la langue parlée, ce temps est couramment remplacé par le passé composé.	Des voitures **passèrent** dans la rue. Il **attendit** quelques secondes, **monta** dans l'avion et **atterrit** à Pointe-à-Pitre où il vécut quarante ans. Je m'engageais dans le boulevard, quand je le **vis** arriver en sens inverse. Je le **reconnus** immédiatement (écrit). Je l'**ai reconnu** immédiatement (oral).
Futur	• Employé dans un contexte présent, passé ou futur, le futur exprime des actions non encore réalisées qui se situent dans l'avenir du narrateur ou du locuteur. • Le futur peut être employé pour : – atténuer, – exprimer une supposition. • Le futur peut se substituer à l'impératif pour traduire l'ordre ou la suggestion.	Je sais qu'il **arrivera** bientôt. La langue qu'elle parlait **sera** toujours comprise. Quand tu le **verras,** tu le lui **diras.** Voudrez-vous un peu d'eau ? J'**avouerai** que je préfère du jus d'orange. Il **se perdra** encore, dans cette foule ! Vous **verserez** lentement le lait dans la sauce et **laisserez** mijoter dix minutes.

français

Emploi des temps composés de l'indicatif

Temps	Sens	Exemples
Passé composé	• Employé seul, le passé composé exprime une action passée et achevée. C'est un temps du discours. • En relation avec le présent, le passé composé exprime l'antériorité.	Ils **ont sauté,** ils **ont dansé,** ils **ont** bien **ri.** Quand il **a lu** un livre, il ne l'oublie pas.
Plus-que-parfait	• Employé seul, le plus-que-parfait exprime une action passée et achevée. • En relation avec l'imparfait, le plus-que-parfait exprime l'antériorité. • On emploie aussi le plus-que-parfait dans des formules de politesse.	Le paysage **avait changé.** **Quand il avait lu** un livre, il ne l'oubliait pas. J'**étais venu** vous demander de venir dîner à la maison.
Passé antérieur	• Employé seul, le passé antérieur exprime une action passée et achevée. C'est un temps de la langue écrite. • En relation avec le passé simple, le passé antérieur exprime l'antériorité.	« Le drôle **eut lapé** le tout en un moment. » (La Fontaine) Quand il **eut fini** le livre, il le ferma.
Futur antérieur	• Employé seul, le futur antérieur exprime : — une action future mais achevée, — une supposition (plus naturellement encore que le futur). • En relation avec le futur, le futur antérieur exprime l'antériorité.	 Dans un an, il **aura terminé** ses études. Quelqu'un lui **aura dit** que vous étiez (êtes) là. Quand il **aura fini** le livre, il vous le prêtera.

— J'ai la permission ! me dit-il comme si un autre que moi la lui avait donnée.
Nous fîmes le tour du propriétaire, à petits pas, et j'eus vite fait de voir qu'il était au courant de tous mes secrets. Lui aussi avait dû me surveiller bien souvent sans que je le sache. (...)
À midi, la sirène de Saint-Euzébie partagea le jour en deux. Son hurlement avait l'air d'arrêter les ombres, au pied des arbres, pendant une ou deux secondes.
— Le père va rentrer, dit mon compagnon. Il est cardeur à l'usine et ça ferait vilain si on le faisait attendre. Dès qu'il arrive, on mange la soupe... Il faut que je rentre à la maison. Quand tu auras déjeuné, tu pourras venir dans ma vigne... Je te donne la permission.
— Tu me feras voir tes petits meubles ?
— Mes petits meubles ? Alors, tu me regardais tout le temps ! Ça ne fait rien... Si j'arrive à finir le fauteuil que j'ai commencé, il sera pour toi... et je t'apprendrai à faire des chaises. C'est le plus facile.

A. Chamson, *Le livre de nos jours,* Gallimard éd.

Accord du participe passé

Participe passé...	conjugué avec l'auxiliaire ÊTRE	conjugué avec l'auxiliaire AVOIR	des verbes pronominaux
Accord avec le SUJET du verbe	Une cliente est entrée. Des paquets ont été expédiés. La pluie et le vent se sont calmés.		• Verbes essentiellement pronominaux La marquise s'était évanouie. Ils se sont aperçus de leur erreur. • Verbes pronominaux de sens passif : La balle s'est perdue dans le massif. Les matchs se sont joués à guichets fermés.
Accord avec le COD placé avant le verbe		Quelle histoire as-tu préférée ? Je l'ai beaucoup aimée *[l'histoire]*. ... les histoires que j'ai lues. J'en ai lues (ou lu) *[des histoires]*.	• Verbes de sens réfléchi ou réciproque SE est le COD : Elle s'est levée. Ils se sont vus. Elles se sont déclarées incompétentes. SE n'est pas le COD : ... les excuses qu'il s'est trouvées. ... les timbres, elles se les sont échangés.
Participe passé invariable		• COD après le verbe : Ils ont lu une histoire. • Pas de COD : Ils ont beaucoup parlé. J'en ai profité *[de ces circonstances]*. • COD = pronom neutre LE (L') : Elles le leur ont promis. • Verbes impersonnels : Quelles démarches il a fallu ! • Semi-auxiliaires : La robe que j'ai fait faire... • Participe passé suivi d'un verbe à l'infinitif : Les oiseaux que j'ai vu attraper *(on attrapait les oiseaux)*. *Mais* : Les oiseaux que j'ai vus chanter *(j'ai vu les oiseaux qui chantaient)*.	• COD après le verbe : Elle s'est trouvé des amis. Ils se sont disputé les gâteaux au chocolat. • Pas de COD : Elles se sont plu. Nous nous sommes répondu.

français

Lexique de la grammaire

Adjectifs démonstratifs *Ces rideaux-ci n'iront pas dans cette pièce.*
Déterminants du nom, les adjectifs démonstratifs sont des constituants obligatoires du groupe nominal. Ils servent à désigner.

Adjectifs exclamatifs *Quel curieux accoutrement!*
Déterminants du nom, les adjectifs exclamatifs sont des constituants obligatoires du groupe nominal. On les trouve dans les phrases exclamatives.

Adjectifs indéfinis *Diverses personnes attendaient sous les quelques arbres.*
Déterminants du nom, les adjectifs indéfinis font partie du groupe nominal. Ils peuvent se combiner avec un autre déterminant.

Adjectifs interrogatifs *À quelle heure et en quel endroit avons-nous rendez-vous?*
Déterminants du nom, les adjectifs interrogatifs sont des constituants obligatoires du groupe nominal. On les trouve dans les phrases interrogatives, lorsque l'interrogation partielle porte sur la détermination du nom. Ils présentent les mêmes formes que les adjectifs exclamatifs.

Adjectifs numéraux cardinaux *Deux cent quatre-vingts personnes se sont inscrites.*
Déterminants du nom, les adjectifs numéraux cardinaux font partie du groupe nominal. Ils peuvent être accompagnés d'un autre déterminant. Ils servent à dénombrer.

Adjectifs numéraux ordinaux *Je te le dis pour la troisième fois!*
Adjectifs qualificatifs, les adjectifs numéraux ordinaux indiquent le rang.

Adjectifs possessifs *J'ai déposé mon sac et ma valise à la consigne.*
Déterminants du nom, les adjectifs possessifs sont des constituants obligatoires du groupe nominal. Ils indiquent une relation de possession ou d'intérêt. Ils varient en personne avec le *possesseur*, en genre et en nombre avec *ce qui est possédé*.

Adjectifs qualificatifs *Ce chaton noir, tout jeune, est très curieux.*
Expansion facultative du nom, l'adjectif qualificatif fait partie du groupe nominal. Il remplit alors la fonction d'*épithète* ou d'*apposition*.

Constituant obligatoire du groupe verbal, il remplit la fonction d'*attribut*.

Adjectif verbal *Ces expéditions sont bien fatigantes.*
L'adjectif verbal est à l'origine un participe présent, devenu adjectif qualificatif par dérivation impropre. Il s'accorde en genre et nombre avec le nom qu'il détermine et peut présenter, par rapport au participe présent dont il est issu, des particularités orthographiques *(fatiguant → fatigant)*.

Adverbes *Demain, nous ferons, là-bas, une très belle promenade.*
Les adverbes sont des mots invariables qui apparaissent aux différents niveaux de la structure de la phrase (groupe nominal, groupe de l'adjectif, complément du verbe, complément de la phrase, etc.).

Antécédent *Les lumières que nous apercevons sont celles que j'attendais.*
L'antécédent est le groupe nominal (ou équivalent) auquel le pronom se substitue. On parle surtout de l'antécédent du pronom relatif.

Apposition *Intrigué, il alluma la lampe, une veilleuse, qui éclairait faiblement.*
L'apposition est une construction détachée du nom, du pronom, de l'adjectif et de la proposition relative. Le groupe en apposition est supprimable et souvent déplaçable.

Articles *La mère des enfants versa du lait dans un bol.*
Déterminants du nom, les articles font partie du groupe nominal. Placés avant le nom, ils portent en général les marques de genre et de nombre.
Articles *définis* : **la** mère,
Articles *définis contractés* : (la mère) **des** enfants,
Articles *partitifs* : **du** lait,
Articles *indéfinis* : **un** bol.

Attribut du sujet *Petit poisson deviendra grand.*
L'attribut du sujet est une fonction de l'adjectif et du groupe nominal. Il entretient une relation de sens privilégiée avec le sujet, par l'intermédiaire d'un verbe de type *être* (verbes *attributifs*, parfois aussi appelés verbes d'*état*).

Attribut du COD *Tous ont trouvé vos parents très sympathiques.*

(→ *Vos parents ont été trouvés très sympathiques par tous.*)
L'attribut du COD est une fonction de l'adjectif et du groupe nominal. Il entretient une relation de sens privilégiée avec le COD, par l'intermédiaire d'un verbe *transitif direct*.
L'attribut du COD devient attribut du sujet dans la même phrase au passif.

Auxiliaires   Il **a** ouvert la porte et il **est** sorti.
Les auxiliaires *avoir* et *être*, qui ne présentent alors aucun sens précis, servent à former les temps composés et le passif lors de la conjugaison des verbes.

Comparatif   Cette boîte est **plus grande** mais **moins solide** que la caisse.
Degré de signification de l'adjectif qualificatif ou de l'adverbe, le comparatif peut marquer l'égalité, la supériorité ou l'infériorité. Il peut s'employer seul ou accompagné d'un complément *(du comparatif)* introduit par QUE.

Compléments circonstanciels   **Ce soir** nous dînerons **au restaurant.**
Compléments de la phrase ou du verbe, les compléments circonstanciels précisent les circonstances de l'action (temps, lieu, manière, cause, conséquence, but, etc.). Ils appartiennent aux classes grammaticales les plus variées.

Complément d'agent   Mon sac a été fouillé **par le douanier.** (→ *Le douanier a fouillé mon sac.*)
N'accompagnant que des verbes au passif, le complément d'agent correspond au sujet de la forme active correspondante. Il est introduit par la préposition *par* (et quelquefois *de*).

Complément de l'adjectif   Vert **de rage,** il s'avançait, menaçant.
C'est un complément de détermination de l'adjectif, qui ne peut, souvent, être supprimé sans que le sens de la phrase change.

Complément de la phrase   **Au bord de la mer,** l'air est plus vif.
Cette notion regroupe les expansions de la phrase, qui ne font pas partie du groupe verbal. Déplaçable et supprimable, le complément de la phrase est souvent un complément circonstanciel.

Complément d'objet direct   La foudre a fendu **le vieux chêne.**
(→ *Le vieux chêne a été fendu par la foudre.*)
Complément du verbe, le COD ne peut, en principe, être ni déplacé ni supprimé. Il devient le sujet de la phrase passive correspondante. Les verbes admettant un COD sont dits *transitifs directs*.

Complément d'objet indirect   L'homme manquait **de sympathie.**
Complément du verbe, le COI ne peut, en principe, être ni déplacé ni supprimé. Sauf pour les pronoms *en, y, lui,* il est relié au verbe par l'intermédiaire d'une préposition. Les verbes admettant un COI sont dits *transitifs indirects*.

Complément d'objet second   La grand-mère raconte une histoire **à ses petits-enfants.**
Forme du COI, le COS ne se trouve que dans les groupes verbaux comportant aussi un COD.

Complément du nom   Une corbeille **à ouvrage** se trouvait sur la table **du salon.**
Complément de détermination du nom, le complément du nom est une expansion facultative du groupe nominal.

Complément du verbe   On **lui** enfonça **une aiguille dans le bras.**
Cette notion regroupe les compléments constitutifs du groupe verbal (COD, COI, certains compléments circonstanciels, etc.). Le complément du verbe ne peut, en principe, être ni déplacé ni supprimé.

Concordance des temps   Il **répondit** qu'il ne **se sentait** pas bien et qu'il ne **pourrait** venir.
On appelle concordance des temps le rapport existant entre les temps des différents verbes de la phrase.
Lorsque le verbe principal est au présent ou au futur, les temps des autres verbes sont choisis en fonction du sens et de la chronologie.
Lorsque le verbe principal est au passé, les temps des autres verbes, toujours choisis en fonction du sens et de la chronologie, doivent, de plus, être au passé (ou au conditionnel = *futur du passé*).

Conditionnel   Je **serais** malade et tu **appellerais** le docteur.
Mode personnel du verbe, le conditionnel comporte deux temps : le présent et le passé.
Librement utilisé, c'est le mode de l'imaginaire. Il présente l'action comme soumise à la réalisation d'une autre action réalisable ou non.
Imposé par la concordance des temps, il correspond à un futur. D'où son nom de *futur du passé*.

Conjonctions de coordination   Mon fils **ou** ma fille déposera le paquet chez vous.
Mots de liaison, les conjonctions de coordination

relient des éléments de même fonction et, souvent, de même nature. Les plus courantes sont : *mais, ou, et, donc, or, ni, car, puis, alors,* etc.

Conjonctions de subordination
Si elle vient, dis-lui **que** je veux la voir.

Mots de liaison, les conjonctions de subordination relient des propositions qui ont une fonction les unes par rapport aux autres.

Déterminants
Ce matin, **quelques** personnes ont visité **ta** maison.

Constituants obligatoires du groupe nominal, les déterminants se placent toujours devant le nom.
On distingue les articles, les adjectifs possessifs, démonstratifs, interrogatifs, exclamatifs, numéraux cardinaux et indéfinis.

Discours direct
L'élève avait protesté : **« Je savais ma leçon hier ! »**

Manière de rapporter exactement les paroles prononcées dans le dialogue. Les paroles forment alors un tout indépendant, distingué du récit par une ponctuation particulière.

Discours indirect
L'élève avait protesté **qu'il savait sa leçon la veille.**

Manière de rapporter plus ou moins exactement les paroles prononcées dans le dialogue, en les intégrant dans la phrase introductive. Le passage du discours direct au discours indirect entraîne des modifications des pronoms personnels, des possessifs, des temps et modes des verbes, des adverbes de temps et de lieu.

Discours indirect libre
L'élève avait protesté. **Il savait sa leçon hier !**

Manière de rapporter assez exactement les paroles du dialogue, par un procédé intermédiaire entre le discours direct et le discours indirect. Les paroles citées ne sont plus insérées dans la phrase introductrice. L'énoncé conserve toutefois certaines modifications du discours indirect. Cette forme de discours appartient à la langue littéraire.

Épithète
On m'a rapporté une **curieuse** nouvelle **qui m'a beaucoup étonné.**

Fonction de l'adjectif qualificatif et de la proposition relative par rapport au nom. L'épithète est une expansion du nom qui se distingue de l'apposition par le sens et par l'absence de pause (par l'absence de virgule, à l'écrit). La place de l'adjectif épithète par rapport au nom peut dans certains cas jouer un rôle au niveau du sens : un garçon **curieux** / un **curieux** garçon.

Forme emphatique
Voilà l'orage qui se prépare. (≠ *L'orage se prépare.*)

Type de phrase facultatif qui consiste à mettre en relief un des éléments de la phrase.

Forme négative
Cette histoire ne me plaît pas. (≠ *Cette histoire me plaît.*)

Type de phrase facultatif qui consiste à nier, à l'aide d'une locution adverbiale (*ne... pas, ne... plus, ne... jamais*, etc.). La forme opposée correspondante est la forme affirmative.

Forme passive
La porte est calée par un fauteuil. (≠ *Un fauteuil cale la porte.*)

Type de phrase facultatif qui consiste à transformer ainsi la phrase active : Le COD devient sujet de la phrase passive, le sujet devient complément d'agent, le verbe se met à la voix passive (auxiliaire *être* conjugué au même temps + participe passé du verbe).
Seules les phrases comportant un verbe transitif direct peuvent subir la transformation passive.
La forme opposée correspondante est la forme active.

Futur proche, futur imminent
Il **va** arriver, il est **sur le point de** partir.

Manière d'exprimer le futur non par le temps du verbe, mais à l'aide d'une périphrase verbale.

Futur du passé
Je savais qu'il **pleuvrait.** (← *Je sais qu'il pleuvra.*)

Le futur du passé est un emploi du conditionnel imposé par la concordance des temps. Dans un récit au passé, il exprime une action future par rapport à l'action principale.

Groupe nominal
Le vieux robinet de la cuisine a goutté **toute la nuit.**

Le groupe nominal est composé d'un nom noyau, d'un ou plusieurs déterminants et éventuellement d'expansions (adjectif(s), autre groupe nominal, proposition relative). Le groupe nominal peut occuper des fonctions variées : *Sujet, COD, COI, Ct circ.,* etc.

Groupe verbal
Dans la cuisine, la fermière **a versé le lait dans la bouteille.**

Constituant de la phrase, le groupe verbal comporte un verbe noyau et ses compléments (compléments ni déplaçables, ni supprimables).

Interjection
Oh ! je ne vous avais pas vu.

Mots ne jouant aucun rôle grammatical et correspondant le plus souvent à un cri.

Locutions verbales
J'**ai faim**. Il **fait froid**. Il **a pris peur**.
Ce sont des structures figées comportant un verbe étroitement associé à un adjectif ou à un groupe nominal.

Modes impersonnels
Le verbe conjugué à ces modes ne varie pas en personne. Ils sont au nombre de 3 : infinitif, participe et gérondif.

Modes personnels
Le verbe conjugué à ces modes varie en temps et en personne. Ils sont au nombre de 4 : indicatif, subjonctif, conditionnel et impératif.

Nom
La **voiture** rentre dans le **garage** de **Louis.**
On définit la classe des noms comme les mots pouvant être précédés d'un déterminant. Le nom est le constituant noyau du groupe nominal et il peut recevoir des expansions variées.
Le **nom propre** est une catégorie de noms qui ont la particularité de commencer par une majuscule et de pouvoir se passer de déterminant.

Nominalisation
La **construction** d'un pont faciliterait la **circulation**. (← *On construit un pont - on circule*)
C'est un des procédés de formation des noms qui consiste à transformer une phrase en un groupe nominal. Lors de l'opération de nominalisation, on utilise des suffixes variés.

Périphrase verbale
Il **n'arrête pas de** dire qu'il **vient** d'arriver.
Les périphrases verbales se substituent à certains temps du verbe, tout en apportant des nuances de sens supplémentaires (passé proche, futur proche, action dans son commencement, etc.).

Phrase complexe
Dès que la pluie aura cessé, je pense que nous pourrons sortir.
La phrase complexe est une phrase qui comporte plusieurs propositions, en général une proposition principale et diverses propositions subordonnées.

Phrase minimale
Une entreprise livrera les meubles.
La phrase minimale ne comporte pas d'expansions. Elle ne comporte que les constituants nécessaires pour qu'elle reste grammaticale.

Phrase nominale
Quel regard stupide!
La phrase nominale est une phrase dont l'élément noyau n'est pas un verbe. Les phrases nominales sont surtout des titres, des slogans, des phrases exclamatives, interrogatives ou présentatives.

Phrase simple
Une entreprise livrera les meubles dans la journée.
La phrase simple ne comporte qu'une seule proposition, c'est une proposition indépendante.

Phrase verbale
Quel regard stupide il vous a lancé!
La phrase verbale est une phrase dont l'élément noyau est le verbe.

Prépositions
Dès le matin, il sort **avec** son chien, **pour** voir passer les trains.
Les prépositions sont des mots de liaison établissant une relation de dépendance d'un groupe par rapport à un autre groupe. Elles introduisent un groupe nominal, un verbe à l'infinitif, un adverbe, etc.

Pronoms adverbiaux
Nantes? J'**y** vais. / J'**en** reviens. / J'**y** pense souvent.
Anciennement adverbes, les pronoms *en* et *y* peuvent avoir une fonction de compléments circonstanciels. Ils jouent un rôle de pronoms personnels lorsqu'ils ont la fonction de compléments d'objet, de compléments du nom ou de l'adjectif.

Pronoms démonstratifs
Je préfère **celui-ci** *(cet exercice)*, **c'**est plus facile.
Comme tous les pronoms, les pronoms démonstratifs se substituent à un groupe nominal. Ils remplacent un groupe nominal dont le déterminant serait un adjectif démonstratif.

Pronoms indéfinis
Tous se taisaient mais **chacun** observait **les autres.**
(tous les convives, chaque convive, les autres convives)
Comme tous les pronoms, les pronoms indéfinis se substituent à un groupe nominal. Ils remplacent un groupe nominal dont le déterminant serait un adjectif indéfini.

Pronoms interrogatifs
Qui a dit cela *(quelle personne)*? **Que** regardes-tu *(quel objet)*?
Comme tous les pronoms, les pronoms interrogatifs se substituent à un groupe nominal. Ils remplacent un groupe nominal dont le déterminant serait un adjectif interrogatif.

Pronoms personnels
Je te le montrerai. Il **lui en** a parlé.
Les pronoms personnels de la première et deuxième personnes ne se substituent à rien dans l'énoncé : ils renvoient au locuteur et à l'interlocuteur.
Les pronoms personnels de la troisième personne se substituent à un groupe nominal sujet, COD, COI, etc. Les pronoms personnels changent de forme selon leur fonction. On dit qu'ils *se déclinent*.

français

Pronoms possessifs   Les **miennes** sont plus larges que les **siennes** *(mes étagères, ses étagères).*
Comme tous les pronoms, les pronoms possessifs se substituent à un groupe nominal. Ils remplacent un groupe nominal dont le déterminant serait un adjectif possessif.

Pronoms réfléchis   Il **se** cache. Chacun rentre chez **soi.**
Les pronoms réfléchis sont des pronoms personnels compléments qui renvoient au sujet. C'est la forme faible qui est utilisée dans la conjugaison des verbes pronominaux.

Pronoms relatifs   Je cherche les clés **qu'**il a perdues.
Les pronoms relatifs jouent un double rôle : *pronoms,* ils se substituent à un groupe nominal et ont une fonction dans la proposition relative ; *mots de liaison,* ils relient une proposition relative à un nom *(l'antécédent).*

Proposition incise   « Je suis perdue », **murmura-t-elle.**
La proposition incise est une phrase insérée dans le discours direct. À l'écrit, elle est caractérisée par l'inversion du sujet.

Proposition indépendante   Il prit un journal. Il s'assit à sa place.
La proposition indépendante correspond à la phrase simple. Cette proposition ne dépend d'aucune autre proposition et aucune autre proposition ne dépend d'elle.

Proposition infinitive   J'écoute **la pluie tomber.**
La proposition infinitive est, comme son nom l'indique, construite autour d'un verbe à l'infinitif. Elle comporte un sujet propre grammaticalement exprimé. Elle a toujours une fonction de complément d'objet.

Proposition interrogative indirecte   Je me demande **ce qu'il fait...** *(Je me demande : « Que fait-il ? »)*
La proposition subordonnée interrogative indirecte correspond à une phrase interrogative dans le discours direct. Elle a toujours une fonction de complément d'objet.

Proposition participiale   **La porte étant fermée,** il n'a pas pu entrer.
La proposition participiale est, comme son nom l'indique, construite autour d'un verbe au participe. Elle comporte un sujet propre grammaticalement exprimé. Elle a toujours une fonction de complément circonstanciel.

Proposition principale   **L'enfant** qui pleure **veut** qu'on le prenne dans les bras.
La proposition principale ne dépend d'aucune autre proposition, (mais une proposition au moins en dépend).

Proposition subordonnée circonstancielle   Si tu **viens,** je te le montrerai, **pour que tu me donnes ton avis.**
Dans l'analyse en constituants, la proposition subordonnée circonstancielle joue le rôle d'un complément de la phrase. Elle a toujours une fonction de complément circonstanciel.

Proposition subordonnée complétive   Je pense **qu'il viendra.**
Dans l'analyse en constituants, la proposition subordonnée complétive fait partie du groupe verbal. Elle a le plus souvent une fonction de complément d'objet.

Proposition subordonnée conjonctive
C'est une proposition introduite par une conjonction de subordination. Cette ancienne dénomination regroupe subordonnées complétives et subordonnées circonstancielles.

Proposition subordonnée relative   Allez aider l'homme **qui boite.**
Dans l'analyse en constituants, la proposition subordonnée relative fait partie d'un groupe nominal. Elle a le plus souvent une fonction de complément du nom (appelé alors *complément de l'antécédent*).
Selon la manière dont les propositions relatives déterminent le nom, on distingue les relatives *épithètes* et les relatives *apposées.*

Registres de langue   Ch'sais pas ! *(registre familier) /* Je ne sais pas ! *(registre courant ou soutenu)*
Les registres de langue sont les variations que peut présenter un même énoncé selon les situations de communication.

Semi-auxiliaires   Je **vais** l'écrire, sinon je **pourrais** l'oublier !
Les semi-auxiliaires sont des verbes que l'on emploie, non avec leur sens habituel, mais pour exprimer l'aspect : futur ou passé proche, début, déroulement ou répétition de l'action, etc.

Subjonctif   Vienne la nuit !
Mode personnel du verbe. Librement utilisé, il présente l'action comme éventuelle. Son emploi est imposé dans les complétives si le verbe de la principale exprime un ordre, un souhait... et dans les circonstancielles introduites par avant que, bien que, sans que...

Sujet
Anne et Paul partent demain soir. Ont-**ils** pris des couchettes ?

Le groupe sujet est un constituant de la phrase minimale. C'est une fonction du groupe nominal, du pronom, de l'infinitif, et de certaines propositions subordonnées relatives et complétives. Placé habituellement avant le verbe, le sujet peut être inversé dans certains cas : interrogation, propositions incises, etc.

Sujet apparent (grammatical) / Sujet réel
Aujourd'hui, **il** manque **3 élèves** *(3 élèves manquent)*, **ce** sont **ceux qui partent pour l'Espagne.**

Dans les tournures impersonnelles, on distingue le sujet *réel,* qui remplit cette fonction par le sens, et le sujet *apparent* qui remplit la fonction grammaticale. En général, le verbe s'accorde avec le sujet apparent, sauf dans le cas du présentatif *c'est* à la troisième personne.

Superlatif
Le plus gros paquet que j'ai livré était **très léger.**

C'est un degré de signification de l'adjectif qui peut marquer la supériorité ou l'infériorité. On distingue le superlatif *relatif* (article défini ou adjectif possessif + adjectif au comparatif) et le superlatif *absolu* (très, ou fort, bien... + adjectif).

Tournure impersonnelle
Il y a trois jours, **il** pleuvait. **Il** reste encore des flaques sur le sol.

Les verbes impersonnels et les verbes à la tournure impersonnelle ne se conjuguent qu'à la troisième personne du singulier. Lorsque le verbe est employé à la tournure impersonnelle, il présente souvent un sujet *apparent* et un sujet *réel.*

Type déclaratif
Le camion passera sous le pont.

Le type déclaratif est un des types obligatoires de la phrase. Il sert à énoncer un fait, vrai, faux, supposé, affirmé ou nié.

Type exclamatif
Quel gros camion ! Il ne passera pas sous le pont !

Le type exclamatif est un des types obligatoires de la phrase. Il se caractérise à l'écrit par le point d'exclamation. C'est parmi les phrases exclamatives que l'on trouve le plus grand nombre de phrases nominales.

Type impératif
Passez sous le pont !

Le type impératif est un des types obligatoires de la phrase. Il se caractérise par le mode du verbe et l'effacement du groupe sujet. Il ne concerne que les phrases dont le sujet aurait été *tu, nous* et *vous.* Les phrases impératives peuvent se terminer par un point d'exclamation, qui marque seulement l'intonation.

Type interrogatif
Le camion passera-t-il sous le pont ?

Le type interrogatif est un des types obligatoires de la phrase. Il se caractérise à l'écrit par le point d'interrogation. Selon le registre de langue, on distingue trois formes de phrases interrogatives : l'interrogation par inversion, l'interrogation à l'aide de *est-ce que...?* et l'interrogation marquée seulement par l'intonation ou la ponctuation.

Verbe
Il est l'élément central de la phrase verbale. Il s'accorde en nombre et en personne avec le sujet. Il est le seul élément de la phrase qui se conjugue, c'est-à-dire qui varie en temps, mode et en personne.

Les verbes *transitifs directs* admettent un COD :
Il **mange** une orange.

Les verbes *transitifs indirects* admettent un COI :
Il **tient** beaucoup **à** sa voiture.

Les verbes *transitifs à double construction* admettent un COD et un COI :
Il **demande** un renseignement à un passant.

Les verbes *intransitifs* n'ont pas de complément d'objet :
Il **rit** et **chante** depuis qu'il a appris la nouvelle.

Les verbes *attributifs* introduisent un attribut du sujet :
La lumière **devenait** de plus en plus faible.

Les *auxiliaires* entrent dans la formation des temps composés et du passif :
Quand il les **avait** vus, il **avait été** ému par leur dénuement.

Les *semi-auxiliaires* expriment l'aspect :
Il **peut** pleuvoir, je **vais** prendre mon parapluie.

Voix pronominale
Le chaton **se faufila** sous l'armoire pour **s'y cacher.**

Le verbe à la voix pronominale se conjugue avec un pronom réfléchi. On distingue :

Les verbes *essentiellement pronominaux* (qui n'existent qu'à la tournure pronominale, ou qui changent de sens lors de cet emploi) et les verbes *pronominaux de sens passif* → le participe passé de ces verbes s'accorde avec le sujet.

Les verbes *pronominaux de sens réfléchi* ou *réciproque* → le participe passé de ces verbes s'accorde avec le COD si ce dernier est placé avant lui.

Quadrilatères particuliers

Définitions

- Un **parallélogramme** est un quadrilatère qui a ses côtés opposés parallèles deux à deux.

- Un **rectangle** est un parallélogramme qui a un angle droit.

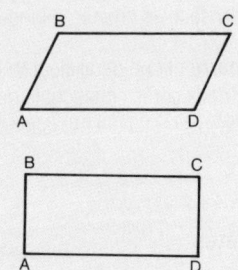

Propriétés

Nom du quadrilatère	Parallélogramme (autre qu'un rectangle, un losange, un carré)	Rectangle (autre qu'un carré)
Axes de symétrie	Aucun	2 (les médiatrices des côtés opposés)
Centre de symétrie	Le point O	Le point O
Côtés parallèles	Les côtés opposés (2 paires)	Les côtés opposés (2 paires)
Côtés de même longueur	Les côtés opposés (2 paires)	Les côtés opposés (2 paires)
Diagonales	Elles ont même milieu	– Elles ont même milieu – Elles ont même longueur
Angles	– Les angles opposés ont même mesure – Les angles consécutifs sont supplémentaires	Les quatre angles sont droits

Réciproques

- Si un quadrilatère non croisé a deux côtés opposés parallèles et de même longueur, alors ce quadrilatère est un **parallélogramme**.
- Si les diagonales d'un quadrilatère ont même milieu, alors ce quadrilatère est un **parallélogramme**.
- Si un quadrilatère a trois angles droits, alors ce quadrilatère est un **rectangle**.
- Si les diagonales d'un quadrilatère ont même milieu et même longueur, alors ce quadrilatère est un **rectangle**.

Définitions

- Un **losange** est un parallélogramme qui a deux côtés consécutifs de même longueur.

- Un **carré** est un parallélogramme qui a un angle droit et deux côtés consécutifs de même longueur. Il est à la fois rectangle et losange.

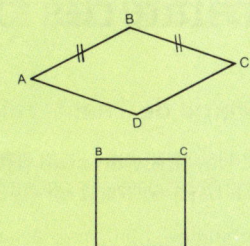

Propriétés

Nom du quadrilatère	Losange (autre qu'un carré)	Carré
Axes de symétrie	2 (les supports des diagonales)	4 (les médiatrices des côtés opposés et les supports des diagonales)
Centre de symétrie	Le point O	Le point O
Côtés parallèles	Les côtés opposés (2 paires)	Les côtés opposés (2 paires)
Côtés de même longueur	Les quatre côtés	Les quatre côtés
Diagonales	– Elles ont même milieu – Elles sont perpendiculaires – Elles ont mêmes supports que les bissectrices	– Elles ont même milieu – Elles ont même longueur – Elles sont perpendiculaires – Elles ont mêmes supports que les bissectrices
Angles	– Les angles opposés ont même mesure – Les angles consécutifs sont supplémentaires	Les quatre angles sont droits

Réciproques

- Si les quatre côtés d'un quadrilatère ont même longueur, alors ce quadrilatère est un **losange**.
- Si les diagonales d'un quadrilatère ont même milieu et sont perpendiculaires, alors ce quadrilatère est un **losange**.
- Si les diagonales d'un quadrilatère ont même milieu, même longueur et sont perpendiculaires, alors ce quadrilatère est un **carré**.

Théorème de Thalès et sa réciproque

1 Théorème de Thalès relatif au triangle

Si une parallèle au côté [BC] d'un triangle ABC coupe respectivement les droites (AB) et (AC) en deux points B′ et C′, alors :

$$\frac{AB'}{AB} = \frac{AC'}{AC}.$$

Plusieurs cas de figure sont possibles :

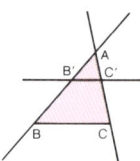 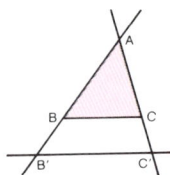 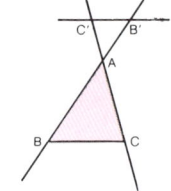

Le point B′ est situé entre A et B.
Le point B est situé entre A et B′.
Le point A est situé entre B et B′.

Remarque : Dans les trois cas de figure, la double égalité suivante est vérifiée :

$$\frac{AB'}{AB} = \frac{AC'}{AC} = \frac{B'C'}{BC}.$$

2 Réciproque du théorème de Thalès

Soient un triangle ABC, B′ un point de la droite (AB) et C′ un point de la droite (AC).

Dans chacun des trois cas de figure suivants :

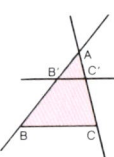 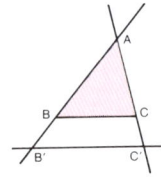 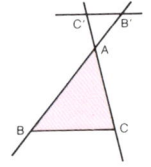

Le point B′ est situé entre A et B et le point C′ est situé entre A et C.
Le point B est situé entre A et B′ et le point C est situé entre A et C′.
Le point A est situé entre B et B′ d'une part, C et C′ d'autre part.

Si $\dfrac{AB'}{AB} = \dfrac{AC'}{AC}$, alors le segment [B′C′] est parallèle au côté [BC].

La réciproque du théorème de Thalès permet de démontrer le parallélisme de deux droites.

Cas particulier

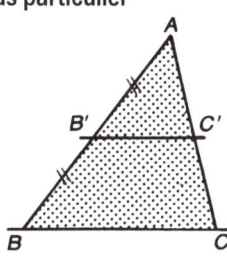

Les droites (BC) et (B'C') sont parallèles.
Si B' est le milieu du côté [AB], alors $\dfrac{AB'}{AB} = \dfrac{1}{2}$.

On a : $\dfrac{AC'}{AC} = \dfrac{AB'}{AB} = \dfrac{1}{2}$ et le point C' est donc le milieu du côté [AC].

La droite parallèle à un côté d'un triangle et passant par le milieu d'un autre côté coupe le troisième côté en son milieu.

Utilisation de la réciproque

On donne trois points alignés B, H et C (le point H est entre B et C). Sur la perpendiculaire en H à la droite (BC), on marque un point A, autre que H.

Soient B' le point du segment [HB] tel que $HB' = \dfrac{3}{4} HB$ et C' le point du segment [HC] tel que $HC' = \dfrac{3}{4} HC$. La parallèle (D) à (BA) menée par B' coupe (AH) en A'.

Démontrer que la droite (C'A') est parallèle à la droite (CA).

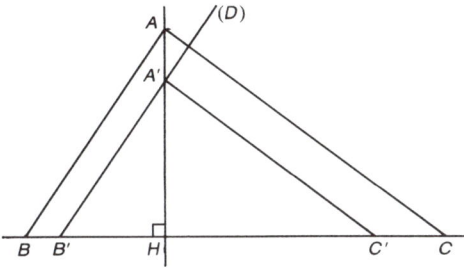

Parallélisme des droites (C'A') et (CA)

$HB' = \dfrac{3}{4} HB$; $\dfrac{HB'}{HB} = \dfrac{3}{4}$. $HC' = \dfrac{3}{4} HC$; $\dfrac{HC'}{HC} = \dfrac{3}{4}$

Les droites (D) et (BA) étant parallèles, le théorème de Thalès appliqué au triangle HBA et à la droite (D) permet d'écrire :
$\dfrac{HA'}{HA} = \dfrac{HB'}{HB} = \dfrac{3}{4}$. Par suite : $\dfrac{HC'}{HC} = \dfrac{HA'}{HA} = \dfrac{3}{4}$.

Puisque $\dfrac{HC'}{HC} = \dfrac{HA'}{HA}$ (avec C' entre H et C, A' entre H et A), la réciproque du théorème de Thalès appliquée au triangle HCA et à la droite (C'A') permet d'affirmer que les droites (C'A') et (CA) sont parallèles.

Pyramides

1 Présentation

La pyramide (figure ci-contre) a pour **base** le polygone ABCDE et pour **sommet** le point S.

Les cinq triangles SAB, SBC, SCD, SDE et SEA sont les **faces latérales** de la pyramide.

Les cinq arêtes [SA], [SB], [SC], [SD] et [SE] sont les **arêtes latérales** de la pyramide.

La pyramide représentée ci-dessus est une pyramide à cinq faces latérales ou encore une pyramide à base pentagonale (la base est un pentagone).
La droite (SH) est la perpendiculaire au plan de la base passant par le sommet S. Elle coupe le plan de la base en H. L'expression **« hauteur de la pyramide »** désigne à la fois le segment [SH] et sa longueur SH.

Une pyramide à base triangulaire est appelée **tétraèdre** (voir figure ci-contre). Si toutes les arêtes d'un tétraèdre ont même longueur, on dit que ce tétraèdre est **régulier**.

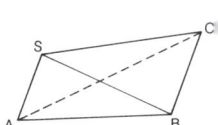

2 Volume de la pyramide

On choisit des unités de longueur, d'aire et de volume correspondantes (cm, cm^2 et cm^3, par exemple).

$$V = \frac{B \times h}{3}$$

V est le nombre qui mesure le volume de la pyramide.
B et h sont les nombres qui mesurent l'aire de la base (surface hachurée) et la hauteur.

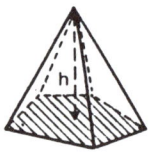

3 Section d'une pyramide par un plan parallèle à la base
La section d'une pyramide par un plan parallèle à la base est une réduction de la base.

La pyramide SABCD représentée ci-contre est une pyramide régulière à 4 faces latérales (la base est un carré).
Le plan P' est parallèle au plan P de la base et il passe par le point A' de [SA] vérifiant

$\frac{SA'}{SA} = \frac{2}{5}$.

Le quadrilatère A'B'C'D' est un carré, réduction du carré ABCD. On passe des longueurs mesurées dans ABCD (côtés et diagonales) aux longueurs correspondantes mesurées dans A'B'C'D' en multipliant par $\frac{2}{5}$.

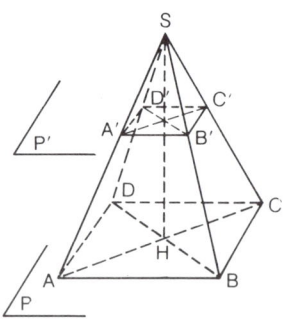

Pyramide régulière

Une pyramide est **régulière** si la base est un polygone régulier (les côtés de ce polygone ont même longueur et ses angles ont même mesure) et si le pied H de la hauteur est le centre du polygone régulier.

Toutes les arêtes latérales d'une pyramide régulière ont la même longueur : SA = SB = ...
Les faces latérales d'une pyramide régulière sont des triangles isocèles superposables.

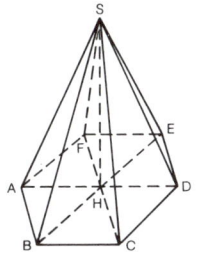

Pyramide régulière à 6 faces latérales
(La base est un hexagone régulier.)

Calcul de la hauteur et du volume

On veut calculer le volume (en cm^3) d'une pyramide régulière à 4 faces latérales connaissant l'arête latérale a = 10 cm et le côté de la base c = 6 cm.

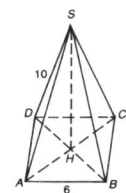

a = SA = SB = SC = SD = 10.
c = AB = BC = CD = DA = 6.

Calcul de la hauteur h
Le théorème de Pythagore appliqué au triangle rectangle SHA permet d'écrire :

$SH^2 = SA^2 - AH^2 = 10^2 - AH^2$

Or : $AH = \dfrac{AC}{2}$; $AH^2 = \dfrac{AC^2}{4}$.

$AC^2 = AB^2 + BC^2 = 6^2 + 6^2 = 72.$

$AH^2 = \dfrac{72}{4} = 18.$

Donc : $SH^2 = 10^2 - AH^2 = 100 - 18 = 82.$
$h = SH = \sqrt{82}$.

Calcul du volume V
Soit B l'aire de la base. $B = 6 \times 6 = 36.$

$V = \dfrac{B \times h}{3} = \dfrac{36 \times \sqrt{82}}{3} = 12\sqrt{82}$.

Agrandissement, réduction

La pyramide SA'B'C'D' est une réduction de la pyramide SABCD (voir fig. ci-contre).
En choisissant des unités de longueur, d'aire et de volume correspondantes (cm, cm^2 et cm^3, par exemple), on a :

$$\dfrac{h'}{h} = \dfrac{SH'}{SH} = \dfrac{2}{5}, \quad \dfrac{B'}{B} = \left(\dfrac{2}{5}\right)^2, \quad \dfrac{V'}{V} = \left(\dfrac{2}{5}\right)^3$$

où h et h' désignent les mesures des hauteurs, B et B' les mesures des aires de base et V et V' les mesures des volumes des deux pyramides SABCD et SA'B'C'D'.

L'étude ci-dessus est une illustration de la propriété suivante :
Dans l'agrandissement ou la réduction d'un objet géométrique du plan ou de l'espace, si les longueurs sont multipliées par le nombre k, alors les aires sont multipliées par k^2, les volumes le sont par k^3 et les angles sont conservés.

Cônes de révolution

1 Présentation

Le cône de révolution (figure ci-contre) est obtenu en faisant tourner le triangle rectangle SOA autour de son côté [SO]. D'où l'expression « cône de révolution » qui évoque la révolution (ou rotation) autour de [SO].

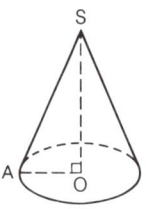

2 Volume du cône

On choisit des unités de longueur, d'aire et de volume correspondantes (cm, cm^2 et cm^3, par exemple).

$$V = \frac{B \times h}{3} = \frac{\pi \times R^2 \times h}{3}$$

V est le nombre qui mesure le volume du cône.
B, h et R sont les nombres qui mesurent l'aire de la base (surface hachurée), la hauteur et le rayon.
$\pi \approx 3{,}1415927$; on prend 3,14 comme valeur approchée de π.

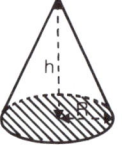

3 Section d'un cône de révolution par un plan parallèle à la base

La section d'un cône de révolution par un plan parallèle à la base est une réduction de la base.

Cette section est donc un cercle de rayon plus petit que celui de la base.

Sur la figure ci-contre, un cône de révolution est coupé par un plan P′, parallèle au plan P qui contient le cercle de base ($\mathscr{C}$).
Le plan P′ coupe la génératrice [SA] en A′ tel que :

$$\frac{SA'}{SA} = \frac{2}{5}.$$

La section du cône par le plan P′ est le cercle ($\mathscr{C}'$) de centre O′ et de rayon O′A′.

Dans le triangle SOA, d'après le théorème de Thalès : $\dfrac{SO'}{SO} = \dfrac{SA'}{SA} = \dfrac{2}{5}.$

D'autre part : $\dfrac{O'A'}{OA} = \dfrac{SA'}{SA} = \dfrac{2}{5}.$

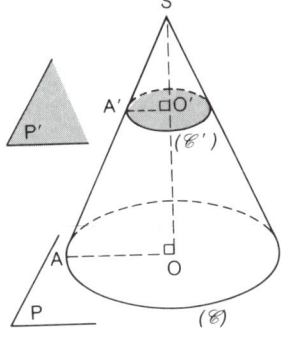

Le cercle ($\mathscr{C}'$) est une réduction du cercle ($\mathscr{C}$) : on passe du rayon de ($\mathscr{C}$) au rayon de ($\mathscr{C}'$) en multipliant par $\dfrac{2}{5}$.

Vocabulaire

Voir figure ci-contre.
En un tour complet autour de [SO] :
- le segment [OA] engendre le disque appelé **base** du cône,
- le segment [SA] engendre la **surface latérale** du cône.
Toute position de [SA] est une **génératrice** du cône.
Le point S est le **sommet** du cône, la longueur OA est le **rayon** du cône, l'expression **« axe du cône »** désigne la droite (SO). Le segment [SO], perpendiculaire au plan de la base, est la **hauteur** du cône. La longueur SO est aussi appelée **hauteur** du cône.

Calcul de la hauteur et du volume

On veut calculer le volume (en cm^3) d'un cône de révolution connaissant la génératrice $g = 13$ cm et le rayon $R = 5$ cm.

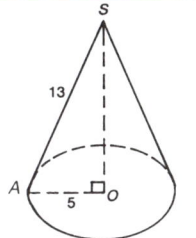

$g = SA = 13$.
$R = OA = 5$.

Calcul de la hauteur h

Le théorème de Pythagore appliqué au triangle rectangle SOA permet d'écrire :
$SO^2 = SA^2 - OA^2$
$= 13^2 - 5^2$
$= 169 - 25$
$= 144$.
Donc : $h = SO = \sqrt{144} = 12$.

Calcul du volume V

Soit B l'aire de la base.
$B = \pi \times R^2 = \pi \times 5^2 = 25\,\pi$.
$V = \dfrac{B \times h}{3} = \dfrac{25\,\pi \times 12}{3} = 100\,\pi \approx 314$.

Agrandissement, réduction

Le cône de révolution de sommet S et de base ($\mathscr{C}'$) est une réduction du cône de révolution de sommet S et de base ($\mathscr{C}$) (voir figure ci-contre).
En choisissant des unités de longueur, d'aire et de volume correspondantes (cm, cm^2 et cm^3, par exemple), on a :

$\dfrac{h'}{h} = \dfrac{2}{5}$, $\dfrac{R'}{R} = \dfrac{2}{5}$, $\dfrac{B'}{B} = \left(\dfrac{2}{5}\right)^2$, $\dfrac{V'}{V} = \left(\dfrac{2}{5}\right)^3$,

où h et h' désignent les hauteurs, R et R' les rayons, B et B' les aires de base et V et V' les volumes des deux cônes de révolution de sommet S admettant pour cercles de base ($\mathscr{C}$) et ($\mathscr{C}'$).

L'étude ci-dessus est une illustration de la propriété suivante :
Dans l'agrandissement ou la réduction d'un objet géométrique du plan ou de l'espace, si les longueurs sont multipliées par le nombre k, alors les aires sont multipliées par k^2, les volumes le sont par k^3 et les angles sont conservés.

Angles et trigonométrie

1 Angle inscrit et angle au centre

- Un angle qui a son sommet sur un cercle et ses côtés qui recoupent le cercle est appelé **angle inscrit dans ce cercle.**

L'angle $\widehat{xMy}$ est inscrit dans le cercle $(\mathscr{C})$.

- Un angle dont le sommet est le centre d'un cercle est appelé **angle au centre de ce cercle.**

L'angle $\widehat{AOB}$ est un angle au centre du cercle $(\mathscr{C})$.

L'angle inscrit $\widehat{xMy}$ et l'angle au centre $\widehat{AOB}$ **interceptent** le même arc.

Tout angle inscrit dans un cercle a pour mesure la moitié de celle de l'angle au centre qui intercepte le même arc.

2 Trigonométrie

- **Cosinus** (cos), **sinus** (sin) **et tangente** (tan)

Dans le triangle OAB rectangle en A :

– Le segment [OB] est **l'hypoténuse,**

– le segment [AB] est le côté de l'angle droit **opposé** à l'angle $\widehat{AOB}$,

– le segment [OA] est le côté de l'angle droit **adjacent** à l'angle $\widehat{AOB}$.

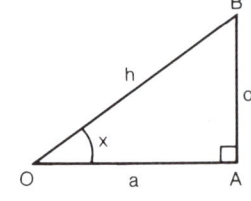

Soient x la mesure en degrés décimaux de l'angle $\widehat{AOB}$, h, o et a les longueurs respectives de l'hypoténuse, du côté opposé à l'angle $\widehat{AOB}$ et du côté adjacent à cet angle (longueurs exprimées avec une même unité).

Par définition :

$$\cos x = \frac{OA}{OB} = \frac{a}{h} \;;\qquad \sin x = \frac{AB}{OB} = \frac{o}{h} \;;\qquad \tan x = \frac{AB}{OA} = \frac{o}{a}$$

- **Relations trigonométriques**

$$\frac{\sin x}{\cos x} = \tan x \;;\qquad \cos^2 x + \sin^2 x = 1$$

Angles inscrits qui interceptent le même arc

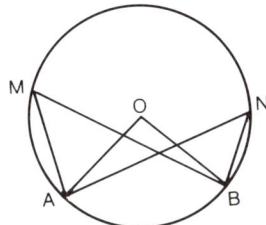

$\widehat{AMB} = \frac{1}{2}\widehat{AOB}$;

$\widehat{ANB} = \frac{1}{2}\widehat{AOB}$;

donc $\widehat{AMB} = \widehat{ANB}$.

Deux angles inscrits qui interceptent le même arc ont même mesure.

Utilisation de la calculatrice

Détermination d'une valeur approchée du cosinus, ou du sinus, ou de la tangente d'un angle aigu donné

Exemple	Mode affiché	Frappe	Affichage	Réponse
cos 73,5° = ?	Degrés	73,5 [cos]	0,2840153	cos 73,5° ≈ 0,2840153
sin 53,4° = ?	Degrés	53,4 [sin]	0,8028175	sin 53,4° ≈ 0,8028175
tan 29,7° = ?	Degrés	29,7 [tan]	0,5703899	tan 29,7° ≈ 0,5703899

Détermination d'une valeur approchée d'un angle aigu dont on connaît le cosinus, ou le sinus, ou la tangente

L'unité d'angle est le degré décimal.

Exemple	Mode affiché	Frappe	Affichage	Réponse
cos x = 0,63	Degrés	0,63 [INV][cos]	50,949877	x ≈ 50,9
sin x = 0,135	Degrés	0,135 [INV][sin]	7,7586199	x ≈ 7,8
tan x = 9,821	Degrés	9,821 [INV][tan]	84,186031	x ≈ 84,2

Transformations

1 Symétries

• **Symétrie orthogonale par rapport à une droite**

Le point M' est l'image du point M dans la symétrie orthogonale par rapport à la droite (D).

• **Symétrie centrale**

Le point M' est l'image du point M dans la symétrie de centre O.

2 Translation

L'image M' d'un point M dans la translation de vecteur $\vec{AB}$ est le point M' tel que $\vec{MM'} = \vec{AB}$.

Les vecteurs $\vec{MM'}$ et $\vec{AB}$ sont égaux si les trois conditions suivantes sont satisfaites :
– Les droites (MM') et (AB) sont parallèles ;
– Les segments [MM'] et [AB] ont même longueur ;
– Le sens de M vers M' est celui de A vers B.

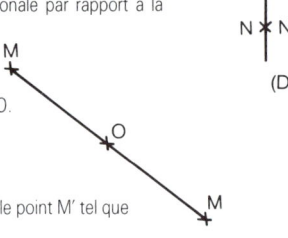

À toute translation est associé un vecteur.
Se donner un vecteur, c'est choisir une direction, une longueur et un sens.

Rappel : On dit que deux droites ont la même direction si elles sont parallèles.

Remarque : Si les droites (MM') et (AB) sont distinctes, alors le quadrilatère ABM'M est un parallélogramme.

3 Rotation

Le point B est l'image du point A dans la rotation de centre O et d'angle 70°, effectuée dans le sens des aiguilles d'une montre. Cette rotation peut se noter Rot $(0,\widehat{70°})$.

Le point C est l'image du point A dans la rotation de centre O et d'angle 50°, effectuée dans le sens inverse de celui des aiguilles d'une montre. Cette rotation peut se noter Rot $(0,\widehat{50°})$.

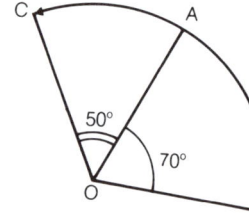

Propriétés :
Dans une symétrie, ou une translation, ou une rotation :
– si trois points sont alignés, alors leurs images le sont aussi ;
– si les points M et N ont pour images respectives M' et N', alors MN = M'N' ;
– l'image d'un angle est un angle de même mesure.

Composition de deux symétries orthogonales par rapport à des droites parallèles

Les droites (D) et (Δ) sont parallèles.
La droite (IJ) est perpendiculaire à (D) et (Δ).
Le point K est le symétrique du point I par rapport à J.
On passe de la figure F à la figure F' dans la symétrie orthogonale par rapport à la droite (D) et de la figure F' à la figure F" dans la symétrie orthogonale par rapport à la droite (Δ).
Comment passer de la figure F à la figure F" ?
RÉPONSE : Dans la translation de vecteur $\vec{IK}$.

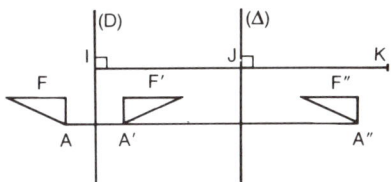

Composition de deux symétries orthogonales par rapport à des droites perpendiculaires

Les droites (D) et (Δ) sont perpendiculaires.
On passe de la figure F à la figure F' dans la symétrie orthogonale par rapport à la droite (D) et de la figure F' à la figure F" dans la symétrie orthogonale par rapport à la droite (Δ).
Comment passer de la figure F à la figure F" ?
RÉPONSE : Dans la symétrie de centre O.

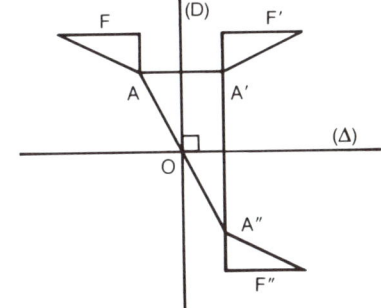

Composition de deux symétries centrales

On passe de la figure F à la figure F' dans la symétrie de centre I et de la figure F' à la figure F" dans la symétrie de centre J.
Comment passer de la figure F à la figure F" ?
RÉPONSE : Dans la translation de vecteur $\vec{IK}$, le point K étant le symétrique du point I par rapport à J.

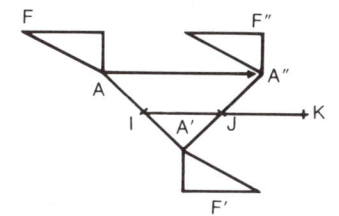

Composition de deux translations

On passe de la figure F à la figure F' dans la translation de vecteur $\vec{IJ}$ et de la figure F' à la figure F" dans la translation de vecteur $\vec{JK}$.
Comment passer de la figure F à la figure F" ?
RÉPONSE : Dans la translation de vecteur $\vec{IK}$.

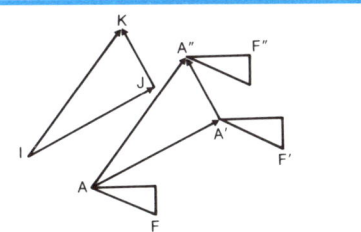

Translations et vecteurs

Notation : La translation de vecteur $\vec{AB}$ est notée $t_{\vec{AB}}$

 Coordonnées d'un vecteur

Soit M' l'image du point M dans la translation de vecteur $\vec{AB}$:

$$M \xrightarrow{t_{\vec{AB}}} M'$$

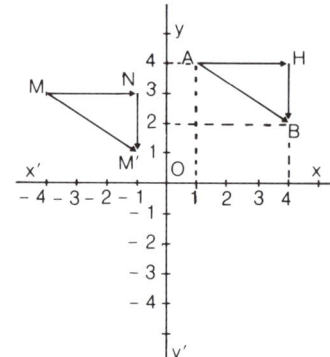

La translation de vecteur $\vec{AB}$ est la composée de la translation de vecteur $\vec{AH}$ par la translation de vecteur $\vec{HB}$:

$$M \xrightarrow{t_{\vec{AH}}} N \xrightarrow{t_{\vec{HB}}} M'$$

Soient x, y les coordonnées de M et x', y' celles de M'.
On passe des coordonnées de M à celles de M' en additionnant 3 à l'abscisse de M (translation de vecteur $\vec{AH}$ qui fait passer de M à N) et en retranchant 2 à l'ordonnée de M (translation de vecteur $\vec{HB}$ qui fait passer de N à M').
On a donc : $x + 3 = x'$; $y - 2 = y'$.

On dit que + 3 et − 2 sont les **coordonnées** des vecteurs $\vec{MM'}$ et $\vec{AB}$.

On écrit : $\vec{AB}\,(+3\,;\,-2)$ ou $\vec{AB}\begin{pmatrix}+3\\-2\end{pmatrix}$, ce qui signifie que le vecteur $\vec{AB}$ a pour coordonnées $X = +3$ et $Y = -2$.

Les coordonnées d'un vecteur $\vec{AB}$ indiquent comment agit la translation de vecteur $\vec{AB}$ (passage des coordonnées d'un point à celles de son image dans cette translation).

 Addition vectorielle

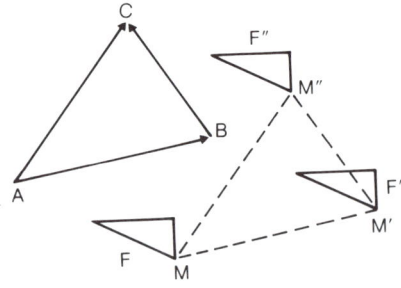

On passe :
– de la figure F à la figure F' dans la translation de vecteur $\vec{AB}$;
– de la figure F' à la figure F" dans la translation de vecteur $\vec{BC}$;
– de la figure F à la figure F" dans la translation de vecteur $\vec{AC}$ qui est la composée de $t_{\vec{AB}}$ par $t_{\vec{BC}}$.

On dit que le vecteur $\vec{AC}$ est la **somme** des vecteurs $\vec{AB}$ et $\vec{BC}$ et on écrit :
$$\vec{AB} + \vec{BC} = \vec{AC}.$$

Coordonnées (points et vecteurs)

- Deux vecteurs égaux ont les mêmes coordonnées.

- Si $P \begin{pmatrix} x_P \\ y_P \end{pmatrix}$ et $Q \begin{pmatrix} x_Q \\ y_Q \end{pmatrix}$, alors $\overrightarrow{PQ} \begin{pmatrix} x_Q - x_P \\ y_Q - y_P \end{pmatrix}$.

Si le point P a pour coordonnées x_P et y_P et si le point Q a pour coordonnées x_Q et y_Q, alors le vecteur $\overrightarrow{PQ}$ a pour coordonnées $x_Q - x_P$ et $y_Q - y_P$.

- Si $P \begin{pmatrix} x_P \\ y_P \end{pmatrix}$ et $Q \begin{pmatrix} x_Q \\ y_Q \end{pmatrix}$, alors le **milieu** I du segment [PQ] a des coordonnées x_I et y_I vérifiant :

$$x_I = \frac{x_P + x_Q}{2} \; ; \; y_I = \frac{y_P + y_Q}{2}.$$

(Pour retrouver ces formules, on écrit que les vecteurs égaux $\overrightarrow{PI}$ et $\overrightarrow{IQ}$ ont les mêmes coordonnées.)

Coordonnées de la somme de deux vecteurs

Soient trois points A, B, C : $A \begin{pmatrix} x_A \\ y_A \end{pmatrix}$; $B \begin{pmatrix} x_B \\ y_B \end{pmatrix}$; $C \begin{pmatrix} x_C \\ y_C \end{pmatrix}$.
On a : $\overrightarrow{AB} + \overrightarrow{BC} = \overrightarrow{AC}$.
Voici les coordonnées des vecteurs $\overrightarrow{AB}$, $\overrightarrow{BC}$ et $\overrightarrow{AC}$:

$\overrightarrow{AB} : \begin{pmatrix} x_B - x_A \\ y_B - y_A \end{pmatrix}$;

$\overrightarrow{BC} : \begin{pmatrix} x_C - x_B \\ y_C - y_B \end{pmatrix}$;

$\overrightarrow{AC} : \begin{pmatrix} x_C - x_A \\ y_C - y_A \end{pmatrix}$.

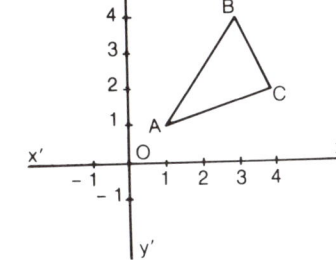

On peut vérifier que : $(x_B - x_A) + (x_C - x_B) = x_C - x_A$;
$(y_B - y_A) + (y_C - y_B) = y_C - y_A$.

Les coordonnées de la somme de deux vecteurs sont les sommes des coordonnées de ces vecteurs :

$$\text{Si } \overrightarrow{AB} \begin{pmatrix} X \\ Y \end{pmatrix} \text{ et } \overrightarrow{BC} \begin{pmatrix} X' \\ Y' \end{pmatrix}, \text{ alors } \overrightarrow{AB} + \overrightarrow{BC} \begin{pmatrix} X + X' \\ Y + Y' \end{pmatrix}$$

Équations de droites, distances

1 Équations de droites

• **Droites parallèles à y'y**

Toute droite parallèle à y'y admet une équation du type x = K (voir figure ci-contre).

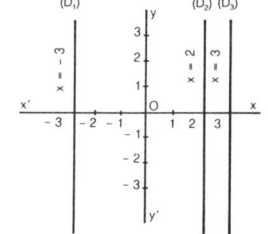

Exemple : La droite (D_1) admet pour équation $x = -3$.
Cela signifie que :
- si le point M (x, y) appartient à (D_1), alors $x = -3$;
- si le point M (x, y) est tel que $x = -3$, alors ce point appartient à (D_1).

• **Droites sécantes à y'y**

Toute droite sécante à y'y admet une équation du type y = ax + b.

Le nombre a est appelé **coefficient directeur de la droite**.
Le nombre b est l'**ordonnée à l'origine de cette droite**.

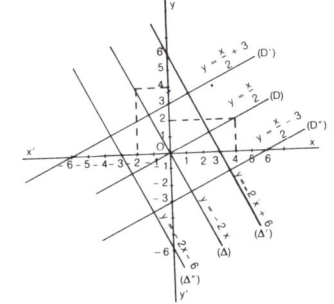

Exemple : La droite (D') admet pour équation
$y = \frac{x}{2} + 3$. Cela signifie que :
- si le point M (x, y) appartient à (D'), alors
$y = \frac{x}{2} + 3$;
- si le point M (x, y) est tel que $y = \frac{x}{2} + 3$, alors
ce point appartient à (D').

• **Toute droite admet une infinité d'équations.**

Exemple : La droite (D') admet pour équation $y = \frac{x}{2} + 3$, mais elle admet aussi les équations
$2y = x + 6$, $-x + 2y - 6 = 0$, $x - 2y + 6 = 0$, $2x - 4y + 12 = 0$, $3x - 6y + 18 = 0$, etc.

2 En repère orthonormal

*Au paragraphe ① (ci-dessus et ci-contre) le choix du repère n'a pas d'importance. Par contre, au paragraphe ②, les calculs effectués et les théorèmes énoncés ne sont valables que si le repère choisi est **orthonormal**.*

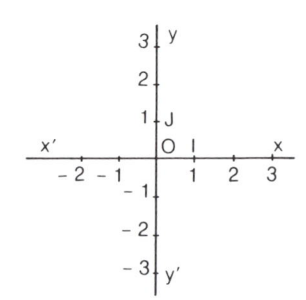

Repère orthonormal
Les droites x'x et y'y sont perpendiculaires et $OI = OJ = 1$.

Distance de deux points
Si $\vec{AB} \begin{pmatrix} X \\ Y \end{pmatrix}$, alors $AB^2 = X^2 + Y^2$.

Droites parallèles

Soient deux droites qui admettent pour équations $y = ax + b$ et $y = a'x + b'$.
- Si elles sont parallèles, alors $a = a'$;
- si $a = a'$, alors elles sont parallèles.

Exemples : Les droites (D), (D') et (D") (voir figure page ci-contre) qui ont le même coefficient directeur $\frac{1}{2}$ sont parallèles. Il en est de même des droites (Δ), (Δ') et (Δ") qui ont le même coefficient directeur -2.

Coefficient directeur de la droite passant par deux points

Remarque : Il est souvent utile dans les problèmes de pouvoir déterminer le coefficient directeur de la droite passant par deux points donnés (sans rechercher l'équation $y = ax + b$ de cette droite).
Le plan étant rapporté à un repère, on connaît les coordonnées de deux points (les abscisses sont différentes) :

$$P\begin{pmatrix} x_P \\ y_P \end{pmatrix} ; Q\begin{pmatrix} x_Q \\ y_Q \end{pmatrix}.$$

Le coefficient directeur a de la droite (PQ) est égal au quotient de la différence des ordonnées par la différence des abscisses :

$$a = \frac{y_P - y_Q}{x_P - x_Q} = \frac{y_Q - y_P}{x_Q - x_P}$$

En repère orthonormal

• Orthogonalité de deux droites

Soient deux droites qui admettent pour équations $y = ax + b$ et $y = a'x + b'$.
- Si elles sont perpendiculaires, alors $a \times a' = -1$;
- si $a \times a' = -1$, alors elles sont perpendiculaires.

Exemples : Chacune des trois droites (D), (D'), (D") (voir figure page ci-contre) est perpendiculaire à chacune des trois droites (Δ), (Δ'), (Δ"), car le coefficient directeur des premières est $\frac{1}{2}$ et celui des autres -2. On a bien : $\frac{1}{2} \times (-2) = -1$.

• Lien coefficient directeur - angle

Soit une droite (D) qui admet pour équation $y = ax + b$, avec a strictement positif.
Soit α l'angle aigu que forme la droite (D) avec $x'x$.
Le coefficient directeur a est égal à $\tan \alpha$.

Exemple : Dans le cas de la droite (D) qui admet pour équation $y = \frac{1}{2}x + 3$, on a : $\tan \alpha = \frac{1}{2}$.

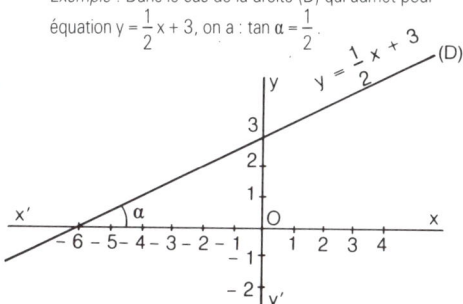

mathématiques

Calcul numérique, calcul littéral

1 Écritures fractionnaires

Réduction au même dénominateur
Exemple : Réduire au même dénominateur B = $\frac{5}{12}$ et C = $\frac{7}{18}$.

Le plus grand des deux dénominateurs est 18. On cherche dans la suite croissante des multiples non nuls de 18 le premier multiple de 12 :
18 × 1 = 18 ; 18 × 2 = 36 ; 18 × 3 = 54 ; 18 × 4 = 72 ;...
Le premier multiple de 12 dans cette suite est le nombre 36. On choisit 36 comme dénominateur commun.

$$B = \frac{5}{12} = \frac{5 \times 3}{12 \times 3} = \frac{15}{36} \; ; \quad C = \frac{7}{18} = \frac{7 \times 2}{18 \times 2} = \frac{14}{36}.$$

2 Puissances entières de 10

- **Exposants entiers négatifs**

$10^{-1} = \frac{1}{10^1} = \frac{1}{10} = 0,1$; $10^{-2} = \frac{1}{10^2} = \frac{1}{100} = 0,01$;

$10^{-3} = \frac{1}{10^3} = \frac{1}{1\,000} = 0,001$; etc.

- **Inverse d'une puissance**
Quel que soit le nombre entier relatif n : $\frac{1}{10^n} = 10^{-n}$.

- **Produit de puissances**
Quels que soient les nombres entiers relatifs m et n : $10^m \times 10^n = 10^{m+n}$.

- **Écritures d'un nombre décimal**
En utilisant des puissances de 10, on peut écrire de différentes façons le même nombre décimal.
Exemple : $0,6721 = 6,721 \times 10^{-1} = 67,21 \times 10^{-2} = 672,1 \times 10^{-3} = ...$
$0,6721 = 0,06721 \times 10^1 = 0,006721 \times 10^2 = 0,0006721 \times 10^3 = ...$

Parmi toutes ces écritures, l'une d'elles, appelée **notation scientifique** est utilisée par les calculatrices : $0,6721 = 6,721 \times 10^{-1}$
↓
Avant la virgule :
un seul chiffre
autre que zéro

De même : $79153200 = 7,91532 \times 10^7$; $98126 = 9,8126 \times 10^4$.

3 Égalités remarquables
$(a + b)^2 = a^2 + 2ab + b^2$; $(a - b)^2 = a^2 - 2ab + b^2$; $(a + b)(a - b) = a^2 - b^2$.

Calculs sur des écritures fractionnaires

Exemple : Calculer $D = \dfrac{\frac{3}{2}+\frac{1}{3}}{\frac{2}{3}-\frac{1}{6}} \times \dfrac{\frac{2}{5}-\frac{1}{2}}{\frac{3}{10}+\frac{1}{5}}$.

$D = \dfrac{\frac{9}{6}+\frac{2}{6}}{\frac{4}{6}-\frac{1}{6}} \times \dfrac{\frac{4}{10}-\frac{5}{10}}{\frac{3}{10}+\frac{2}{10}} = \dfrac{\frac{11}{6}}{\frac{3}{6}} \times \dfrac{-\frac{1}{10}}{\frac{5}{10}} = \dfrac{11}{6} \times \dfrac{6}{3} \times \left(-\dfrac{1}{10} \times \dfrac{10}{5}\right) = -\dfrac{11 \times 6 \times 10}{6 \times 3 \times 10 \times 5} = -\dfrac{11}{3 \times 5} = -\dfrac{11}{15}$.

Puissances entières de nombres relatifs

- **Produit de puissances d'un même nombre**

La lettre a désignant un nombre relatif : $a^2 \times a^3 = a^{2+3} = a^5$; $a^4 \times a^2 = a^6$; $a^3 \times a^5 = a^8$.

- **Puissance d'un produit**

Les lettres désignant des nombres relatifs : $(a \times b)^2 = a^2 \times b^2$; $(a \times b)^3 = a^3 \times b^3$.

- **Exposants entiers négatifs**

La lettre a désignant un nombre relatif non nul : $a^{-1} = \dfrac{1}{a^1} = \dfrac{1}{a}$; $a^{-2} = \dfrac{1}{a^2}$; $a^{-3} = \dfrac{1}{a^3}$; etc.

- **Quotient de deux puissances d'un même nombre**

La lettre a désignant un relatif non nul : $\dfrac{a^5}{a^2} = a^{5-2} = a^3$; $\dfrac{a^4}{a^4} = a^{4-4} = a^0 = 1$; $\dfrac{a^2}{a^5} = a^{2-5} = a^{-3}$.

Développement, factorisation

- **Développement d'expressions littérales**

Exemples : $\left(3x + \dfrac{1}{3}\right)^2 = (3x)^2 + 2(3x)\dfrac{1}{3} + \left(\dfrac{1}{3}\right)^2 = 9x^2 + 2x + \dfrac{1}{9}$;

(x − 6)² $= x^2 - 2x(6) + 6^2 = x^2 - 12x + 36$;   **(4x + 5) (4x − 5)** $= (4x)^2 - 5^2 = 16x^2 - 25$.

- **Factorisation d'expressions littérales**

Exemples : **(x + 3) (x + 5) − 2 (x + 5)** $= (x + 5)[(x + 3) - 2] = (x + 5)(x + 1)$;

4x² + 4x + 1 $= (2x + 1)^2$;   **9x² − 30x + 25** $= (3x - 5)^2$;   **4x² − 81** $= (2x + 9)(2x - 9)$;

(3x − 7)² − 25 $= (3x - 7)^2 - 5^2 = [(3x - 7) + 5][(3x - 7) - 5] = (3x - 2)(3x - 12)$.

Radicaux

1 Racine carrée d'un nombre positif
● **Définition**
La racine carrée du nombre positif A est le nombre positif qui a pour carré le nombre A.

Exemples :
La racine carrée du nombre positif 4 est le nombre positif 2, car $2^2 = 4$.
La racine carrée du nombre positif 2,25 est le nombre positif 1,5, car $1,5^2 = 2,25$.
La racine carrée du nombre positif $\frac{4}{9}$ est le nombre positif $\frac{2}{3}$, car $\left(\frac{2}{3}\right)^2 = \frac{4}{9}$.

● **Notation**
$\sqrt{A}$ désigne la racine carrée du nombre positif A.
Le symbole $\sqrt{}$ est appelé **radical ;** le nombre placé sous le radical est le **radicande.**
$\sqrt{A}$ se lit : « racine carrée de A ».

Exemples : $\sqrt{4} = 2$; $\sqrt{2,25} = 1,5$; $\sqrt{\frac{4}{9}} = \frac{2}{3}$.

2 Calculs sur les radicaux
● **Carré d'un radical**
a désignant un nombre positif, $(\sqrt{a})^2 = a$.

● **Puissance quatrième d'un radical**
a désignant un nombre positif, $(\sqrt{a})^4 = a^2$.

Exemple : $(\sqrt{11,5})^4 = (\sqrt{11,5})^2 \times (\sqrt{11,5})^2 = 11,5 \times 11,5 = 11,5^2$.

● **Racine d'un carré**
a désignant un nombre positif, $\sqrt{a^2} = a$.

● **Produit et quotient de deux radicaux**
Les lettres désignant des nombres positifs :

$\sqrt{a} \times \sqrt{b} = \sqrt{a \times b}$; $\frac{\sqrt{a}}{\sqrt{b}} = \sqrt{\frac{a}{b}}$ (si $b \neq 0$).

Exemples : $\sqrt{4,5} \times \sqrt{2} = \sqrt{4,5 \times 2} = \sqrt{9} = 3$; $\frac{\sqrt{12}}{\sqrt{3}} = \sqrt{\frac{12}{3}} = \sqrt{4} = 2$.

● **« Sortir un carré » de sous un radical**
Exemple : $\sqrt{45} = \sqrt{9 \times 5} = \sqrt{9} \times \sqrt{5} = 3\sqrt{5}$.

● **Supprimer un radical en dénominateur**
Exemple : $\frac{2}{\sqrt{5}} = \frac{2 \times \sqrt{5}}{\sqrt{5} \times \sqrt{5}} = \frac{2\sqrt{5}}{5}$.

Racine carrée

● Remarques sur $\sqrt{A}$

$\sqrt{A}$ n'existe que si A est un nombre positif : $A \geq 0$.
$\sqrt{A}$ est un nombre positif : $\sqrt{A} \geq 0$.
$(\sqrt{A})^2 = A$.

● Équations du type $x^2 = a$

Exemples :

$x^2 = 9$
$x^2 - 9 = 0$; $x^2 - 3^2 = 0$; $(x + 3)(x - 3) = 0$.
Le produit $(x + 3)(x - 3)$ est nul si $x + 3 = 0$ ou si $x - 3 = 0$.

$x + 3 = 0$ | $x - 3 = 0$
$x = -3$ | $x = 3$

Il existe deux nombres (3 et – 3) qui ont pour carré 9.

$x^2 = 7$
$x^2 - 7 = 0$; $x^2 - (\sqrt{7})^2 = 0$; $(x + \sqrt{7})(x - \sqrt{7}) = 0$.
Le produit $(x + \sqrt{7})(x - \sqrt{7})$ est nul si $x + \sqrt{7} = 0$ ou si $x - \sqrt{7} = 0$.

$x + \sqrt{7} = 0$ | $x - \sqrt{7} = 0$
$x = -\sqrt{7}$ | $x = \sqrt{7}$

Il existe deux nombres ($\sqrt{7}$ et $-\sqrt{7}$) qui ont pour carré 7.

$x^2 = -25$

Il n'y a pas de solution, car le carré d'un nombre ne peut pas être négatif.

Utilisation de la calculatrice

La touche $\boxed{\sqrt{x}}$ de la calculatrice donne la valeur, ou une valeur approchée, de la racine carrée d'un nombre positif.

Exemples :

Frappe	Affichage	Conclusion
4 $\boxed{\sqrt{x}}$	2	$\sqrt{4} = 2$
2,25 $\boxed{\sqrt{x}}$	1,5	$\sqrt{2,25} = 1,5$
7 $\boxed{\sqrt{x}}$	2,6457513	$\sqrt{7} \approx 2,6457513$
– 4 $\boxed{\sqrt{x}}$	Erreur	$\sqrt{-4}$ n'a pas de sens

mathématiques

Équations du premier degré

1 Système d'équations à deux inconnues

Exemple : (I) $\begin{cases} -2x + y + 4 = 0 & \textbf{(1)} \\ -x + 2y - 1 = 0 & \textbf{(2)} \end{cases}$

Résoudre le système (I), c'est déterminer les couples de nombres (x, y), s'il en existe, qui vérifient à la fois les deux équations. Chacun de ces couples est une **solution** du système (I).

2 Résolution graphique

Le système (I) peut s'écrire :

(I') $\begin{cases} y = 2x - 4 & \textbf{(1')} \\ y = \dfrac{1}{2}x + \dfrac{1}{2} & \textbf{(2')} \end{cases}$

Le plan étant rapporté à deux axes de coordonnées, les équations **(1')** et **(2')** sont des équations de droites.

L'équation (1') est l'une des équations d'une droite (D_1).
L'équation (2') est l'une des équations d'une droite (D_2).

On trace les droites (D_1) et (D_2) (voir figure).
Les droites (D_1) et (D_2) ayant des coefficients directeurs différents (2 et $\dfrac{1}{2}$) sont des droites sécantes qui n'ont en commun que le point P.

On lit les coordonnées de P : x = 3 et y = 2.

Le couple (3 ; 2) est la seule solution du système (I).

3 Résolution algébrique

– *Méthode par substitution*
On exprime l'une des inconnues en fonction de l'autre dans l'une des équations et l'on reporte l'expression trouvée dans l'autre équation. On obtient ainsi une équation où ne figure qu'une seule inconnue.

– *Méthode par addition (ou par combinaison)*
On multiplie les deux membres de l'équation **(1)** par un nombre K_1 et les deux membres de l'équation **(2)** par un nombre K_2. On choisit K_1 et K_2 de façon que dans l'addition membre à membre, l'une des inconnues x ou y disparaisse.
En choisissant, par exemple, $K_1 = -2$ et $K_2 = 1$, on élimine y.

Problèmes du premier degré

On peut dans la plupart des cas utiliser le plan suivant :
1) choix de l'inconnue ou des inconnues ;
2) traduction de l'énoncé (équations, inéquations, conditions) ;
3) résolution ;
4) conclusion (retour au problème posé) ;
5) vérification facultative (à partir de l'énoncé).

Exemple : Lors d'une fin de semaine, un musée a enregistré les recettes suivantes :
samedi : 1 740 F pour 120 entrées adultes et 50 entrées enfants ;
dimanche : 1 380 F pour 100 entrées adultes et 30 entrées enfants.
Déterminer le prix d'une entrée adulte et celui d'une entrée enfant.

1) Choix des inconnues
Soit x le prix d'une entrée adulte et y le prix d'une entrée enfant.

2) Traduction de l'énoncé
Les nombres positifs x et y vérifient le système suivant :

$$(I) \begin{cases} 120x + 50y = 1\,740 \\ 100x + 30y = 1\,380 \end{cases}$$

3) Résolution
Après simplification, on obtient le système II :

$$(II) \begin{cases} 12x + 5y = 174 & (1) \\ 10x + 3y = 138 & (2) \end{cases}$$

En multipliant les deux membres de l'équation **(1)** par 3 et ceux de l'équation **(2)** par − 5 :

$$\begin{cases} 36x + 15y = 522 & (1') \\ -50x - 15y = -690 & (2') \end{cases}$$

En additionnant membre à membre les équations **(1′)** et **(2′)** :
$$-14x = -168 \,;\quad x = 12.$$
On remplace x par 12 dans l'équation **(2)** :
$$120 + 3y = 138\,;\quad 3y = 18\,;\quad y = 6.$$

4) Conclusion
Le prix d'une entrée adulte est donc de 12 F et celui d'une entrée enfant de 6 F.

5) Vérification
120 entrées adultes : 1 440 F ; 50 entrées enfants : 300 F ; total : 1 740 F.
100 entrées adultes : 1 200 F ; 30 entrées enfants : 180 F ; total : 1 380 F.

Inéquations du premier degré

Inéquation à une inconnue

Exemple : $\dfrac{2x-1}{3} - \dfrac{5}{6} > \dfrac{2x+5}{2} + 2$ **(1)**

Résoudre l'inéquation **(1)**, c'est déterminer les nombres x, s'il en existe, qui vérifient l'inégalité. Chacun de ces nombres est appelé **solution** de l'inéquation.

On réduit tous les termes de l'inéquation **(1)** au même dénominateur 6 :

$\dfrac{(2x-1) \times 2}{3 \times 2} - \dfrac{5}{6} > \dfrac{(2x+5) \times 3}{2 \times 3} + \dfrac{2 \times 6}{1 \times 6}$

$\dfrac{4x-2}{6} - \dfrac{5}{6} > \dfrac{6x+15}{6} + \dfrac{12}{6}$ **(2)**

Si l'on multiplie ou si l'on divise les deux membres d'une inéquation par un même nombre k non nul, on obtient une inéquation qui a les mêmes solutions (à condition de changer le sens de l'inéquation lorsque k est négatif : le signe > est changé en < , le signe < est changé en >)

On multiplie les deux membres de l'inéquation **(2)** par 6 ; on garde le signe d'inégalité > :

4x − 2 − 5 > 6x + 15 + 12
4x − 7 > 6x + 27

On groupe tous les termes en x dans le même membre et tous les autres termes dans l'autre membre : 4x − 6x > 27 + 7
− 2x > 34   **(3)**

On divise les deux membres de l'inéquation **(3)** par − 2, on change le signe > en <
x < − 17

Tous les nombres inférieurs à − 17 sont solutions de l'inéquation (1).

On peut représenter sur une droite graduée les solutions de l'inéquation (1) :

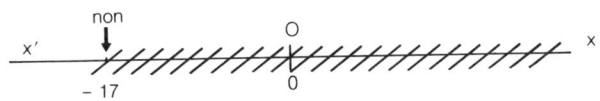

On a rayé la partie de la droite graduée qui ne convient pas.

Système d'inéquations du premier degré à deux inconnues

$$(I) \begin{cases} -2x + y > -4 & \textbf{(1)} \\ -x + 2y < 1 & \textbf{(2)} \end{cases}$$

Résoudre le système (I), c'est déterminer les couples de nombres (x, y), s'il en existe, qui vérifient à la fois les deux inéquations. Chacun de ces couples est une **solution** du système (I).
Le système peut s'écrire :

$$\begin{cases} y > 2x - 4 \\ 2y < x + 1 \end{cases} \qquad (I') \begin{cases} y > 2x - 4 & \textbf{(1')} \\ y < \frac{1}{2}x + \frac{1}{2} & \textbf{(2')} \end{cases}$$

On trace les droites (D_1) et (D_2) d'équations respectives $y = 2x - 4$ et $y = \frac{1}{2}x + \frac{1}{2}$.

Pour la droite (D_1) :

x	0	3	4
y = 2x − 4	− 4	2	4

Pour la droite (D_2) :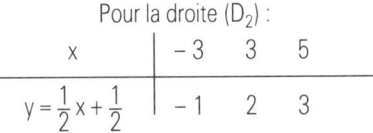

x	− 3	3	5
$y = \frac{1}{2}x + \frac{1}{2}$	− 1	2	3

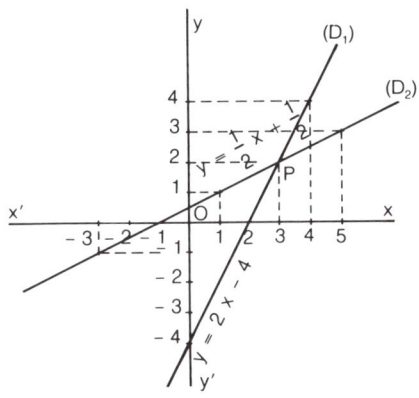

Les points dont les coordonnées x et y vérifient l'inéquation $y > 2x - 4$ sont les points situés « au-dessus » de la droite (D_1). On raye le demi-plan qui ne convient pas.
Les points dont les coordonnées x et y vérifient l'inéquation $y < \frac{1}{2}x + \frac{1}{2}$ sont les points situés « au-dessous » de la droite (D_2). On raye le demi-plan qui ne convient pas.
Les points dont les coordonnées x et y vérifient le système (I) sont les points intérieurs à l'angle non hachuré.

Applications affines

1 Définitions

À tout nombre relatif x, associons le nombre y tel que $y = \frac{1}{2}x + 1$.

Voici quelques couples (x, y) :

x	−5	−4	−3	−2	−1	0	1	2	3	4	5
y	−1,5	−1	−0,5	0	0,5	1	1,5	2	2,5	3	3,5

On dit que la correspondance entre x et y est une **application (ou fonction) affine**, car elle est du type y = ax + b (ici $a = \frac{1}{2}$ et b = 1).

On appelle application affine toute correspondance qui associe au nombre x le nombre y tel que y = ax + b (a et b sont deux nombres donnés).

Remarques : − Si b = 0, l'application affine est une application **linéaire**.
− Si a = 0, on dit que l'application affine est une application **constante**.

2 Représentation graphique

La représentation graphique d'une application affine (qui à x associe y = ax + b) est une ligne droite (D).

y = ax + b est une équation de cette droite (D).
Le nombre a est le **coefficient directeur** de la droite (D).
Le nombre b est l'**ordonnée à l'origine** de la droite (D).

Exemple :
En utilisant le tableau de valeurs du paragraphe ① ci-dessus, on trace la droite (D), représentation graphique de l'application affine qui à x associe $y = \frac{1}{2}x + 1$ (voir figure).

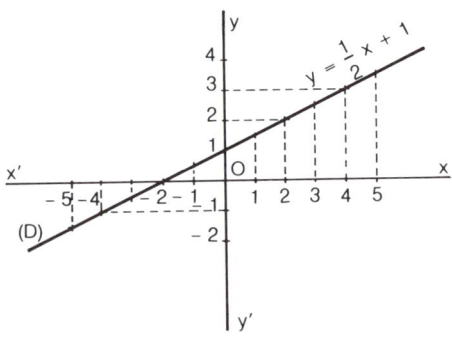

Proportionnalité des accroissements

Soit une application affine qui associe au nombre x le nombre y = ax + b (a et b sont deux nombres donnés).
Les images respectives de deux nombres quelconques x_1 et x_2 sont deux nombres y_1 et y_2 vérifiant :
$$y_1 = ax_1 + b\,;\quad y_2 = ax_2 + b.$$

On a donc : $y_2 - y_1 = (ax_2 + b) - (ax_1 + b) = ax_2 + b - ax_1 - b = ax_2 - ax_1 = a(x_2 - x_1)$.

$$y_2 - y_1 = a\,(x_2 - x_1)$$

L'accroissement $y_2 - y_1$ est proportionnel à l'accroissement $x_2 - x_1$.

Remarque : Le mot « accroissement » n'a pas ici le sens qu'on lui donne dans le langage courant, puisqu'ici un accroissement peut être négatif.

Exemple :
Le tableau de valeurs du paragraphe ① ci-contre concernant l'application affine qui à x associe $y = \frac{1}{2}x + 1$ permet d'obtenir le tableau suivant :

Accroissement de x	−10	−8	−7	−4	−1	0	1	2	3	5	10
Accroissement de y	−5	−4	−3,5	−2	−0,5	0	0,5	1	1,5	2,5	5

↓ $\times \frac{1}{2}$

Il y a bien proportionnalité : $y_2 - y_1 = \frac{1}{2}(x_2 - x_1)$.

Détermination d'une application affine

On donne deux nombres et leurs images.

Exemple : Déterminer l'application affine dans laquelle les nombres −2 et 3 ont pour images respectives les nombres −10 et 5.
La correspondance entre x et y est du type y = ax + b et on demande de calculer a et b.

Remarque : La représentation graphique d'une application affine étant une ligne droite (voir le paragraphe ② ci-contre), il s'agit ici de trouver l'équation y = ax + b de la droite passant par les points A (−2 ; −10) et B (3 ; 5).

On a le système suivant :
$$\begin{cases} -10 = a(-2) + b \\ 5 = a(3) + b \end{cases}$$

La résolution de ce système donne a = 3 et b = −4. L'unique application affine qui convient est celle qui à x associe y = 3x − 4.

Exploitation de données statistiques

Caractère quantitatif discontinu

Les habitations d'un village

Effectifs

Le tableau ci-contre donne la répartition des 88 habitations d'un village suivant le nombre de pièces (colonnes ① et ②).

On lit que le nombre de pièces est égal à 1 pour 5 habitations, égal à 2 pour 21 habitations, égal à 3 pour 22 habitations, etc.

Les colonnes ③ et ④ du tableau donnent les fréquences et les fréquences en pourcentage.

Voir, ci-dessous, le **diagramme en bâtons des effectifs**.

① Nombre de pièces	② Effectif	③ Fréquence arrondie au dix-millième	④ Fréquence en pourcentage arrondi au centième
1	5	$\frac{5}{88} \approx 0{,}0568$	5,68
2	21	$\frac{21}{88} \approx 0{,}2386$	23,86
3	22	$\frac{22}{88} \approx 0{,}25$	25
4	25	$\frac{25}{88} \approx 0{,}2841$	28,41
5	13	$\frac{13}{88} \approx 0{,}1477$	14,77
6	2	$\frac{2}{88} \approx 0{,}0227$	2,27
Totaux	88	0,9999	99,99

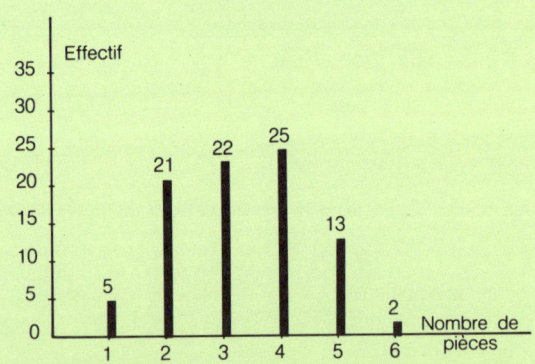

Diagramme en bâtons des effectifs

Fréquences
Voir la colonne ③ du tableau.

La **fréquence relative** d'une valeur de la variable (ici « nombre de pièces ») est le quotient de l'effectif de cette valeur par l'effectif total (ici 88).

Fréquences en pourcentages
Voir la colonne ④ du tableau.

La fréquence de la valeur 1, par exemple, étant $\frac{5}{88} \approx 0{,}0568$, la fréquence de cette valeur, exprimée en « pour cent », est $\frac{5}{88} \times 100 \approx 5{,}68$, soit 5,68 %. On a : $\frac{5}{88} \approx \frac{5{,}68}{100}$.

Médiane
On appelle médiane toute valeur de la variable (ici « nombre de pièces ») **laissant au plus la moitié de l'effectif total pour les valeurs inférieures à elle et au plus la moitié de l'effectif total pour les valeurs supérieures à elle.**

Ici, **il n'y a qu'une seule médiane qui vaut 3.**

Il y a, en effet, 26 habitations (5 + 21) qui ont moins de 3 pièces et 40 habitations (25 + 13 + 2) qui ont plus de 3 pièces. La moitié de l'effectif total valant $\frac{88}{2} = 44$, on a bien $26 \leq 44$ et $40 \leq 44$.

Moyenne arithmétique

Le moyenne $\bar{x}$ est le quotient du nombre total de pièces par le nombre d'habitations.

$$\bar{x} = \frac{1 \times 5 + 2 \times 21 + 3 \times 22 + 4 \times 25 + 5 \times 13 + 6 \times 2}{88} ;$$

$$\bar{x} = \frac{290}{88} \approx 3{,}30.$$

La moyenne est de 3,3 pièces par habitation.

Remarque : On dit que la moyenne $\bar{x}$ est une **moyenne pondérée** : $\bar{x}$ est la moyenne des valeurs de la variable (nombres entiers de 1 à 6), chaque valeur étant pondérée par l'effectif de cette valeur.

La moyenne pondérée de n nombres x_1, x_2, ..., x_n, affectés respectivement des coefficients de pondération k_1, k_2, ..., k_n, est le nombre :

$$m = \frac{k_1 x_1 + k_2 x_2 + ... + k_n x_n}{k_1 + k_2 + ... + k_n} .$$

Exploitation de données statistiques

Regroupement en classes

L'épreuve de maths au brevet

Effectifs, effectifs cumulés

Le tableau ci-contre donne la répartition des 146 élèves de Troisième d'un collège suivant la note sur 20 obtenue à l'épreuve de mathématiques au brevet (colonnes ① et ②) : on lit que 31 élèves ont obtenu une note n vérifiant $0 \leq n < 4$, 63 élèves ont obtenu une note n vérifiant $4 \leq n < 8$, etc.

Chacun des intervalles 0 à 4, 4 à 8, 8 à 12, etc., est une **classe**.

Il y a 5 classes ayant toutes même étendue : 4 points.

La colonne ③ du tableau donne les effectifs cumulés croissants.

① Note n (sur 20)	② Effectif	③ Effectifs cumulés croissants
$0 \leq n < 4$	31	31
$4 \leq n < 8$	63	31 + 63 = 94
$8 \leq n < 12$	30	94 + 30 = 124
$12 \leq n < 16$	14	124 + 14 = 138
$16 \leq n \leq 20$	8	138 + 8 = 146
Total	146	——

Note n (sur 20)	Nombre d'élèves
$0 \leq n < 4$	31
$0 \leq n < 8$	94
$0 \leq n < 12$	124
$0 \leq n < 16$	138
$0 \leq n \leq 20$	146

Voir, ci-après, l'**histogramme des effectifs** et le **polygone des effectifs cumulés croissants**.

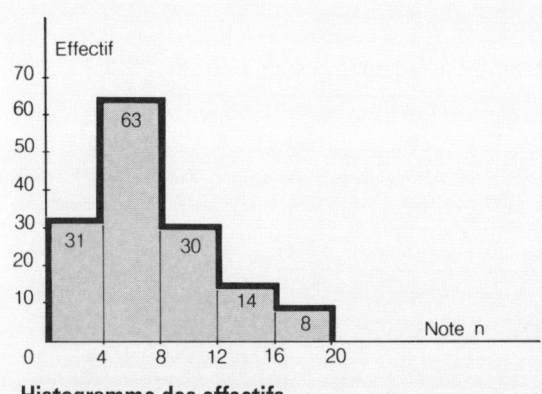

Histogramme des effectifs

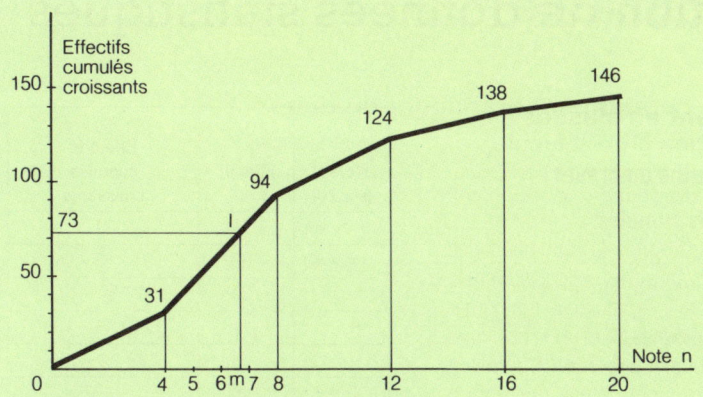

Polygone des effectifs cumulés croissants

Médiane

La médiane m est la valeur de la variable (ici « note n ») **séparant l'effectif total** (ici 146 élèves) **en deux groupes de la même importance** (ici groupes de 73 élèves).

La médiane est située à l'intérieur de la deuxième classe (4 ≤ n < 8), car il y a 31 élèves dans la première classe (il en manque 42 pour arriver à 73) et 52 élèves (30 + 14 + 8) dans les trois dernières classes (il en manque 21 pour arriver à 73).
La classe qui contient la médiane est appelée **classe médiane.**
Le polygone des effectifs cumulés (voir ci-dessus) permet de déterminer graphiquement la médiane m. Cette médiane est l'abscisse du point I d'ordonné 73. On lit : m ≈ 6,7.

Moyenne arithmétique

La moyenne $\bar{x}$ est le quotient du total des notes par le nombre d'élèves.

Pour calculer la moyenne, on suppose que tous les élèves rangés dans une même classe de notes ont obtenu la même note égale à la valeur centrale de la classe :
n = 2 pour la classe 0 ≤ n < 4,
n = 6 pour la classe 4 ≤ n < 8, etc.

$$\bar{x} = \frac{2 \times 31 + 6 \times 63 + 10 \times 30 + 14 \times 14 + 18 \times 8}{146} \; ; \quad \bar{x} = \frac{1080}{146} \; ; \quad \bar{x} \approx 7{,}40.$$

La moyenne des notes obtenues au brevet est 7,40.

Remarque : La moyenne $\bar{x}$ est la moyenne pondérée des valeurs centrales des classes, les coefficients de pondération étant les effectifs des classes (voir la définition d'une moyenne pondérée page 69).

Proportionnalité

1. Grandeurs-quotients et grandeurs-produits

Consommation d'un véhicule

Une voiture consomme 8 ℓ d'essence aux 100 km. On demande de compléter le tableau de proportionnalité suivant qui concerne cette voiture :

Distance parcourue (en km)	1	y	100
Consommation d'essence (en ℓ)	x	1	8

En utilisant l'égalité des « produits en croix », on peut calculer x et y, ce qui détermine k et k'.
On peut aussi calculer d'abord k et k', puis x et y.
On obtient les résultats suivants :

Distance parcourue (en km)	1	12,5	100
Consommation d'essence (en ℓ)	0,08	1	8

↓ × 0,08   ↑ × 12,5

- On passe des nombres de la première ligne du tableau aux nombres de la deuxième ligne en multipliant par 0,08.

Le coefficient de proportionnalité 0,08 de la première ligne du tableau vers la deuxième représente la consommation de la voiture au kilomètre : 0,08 ℓ/km (0,08 litre par kilomètre).

- On passe des nombres de la deuxième ligne du tableau aux nombres de la première ligne en multipliant par 12,5.

Le coefficient de proportionnalité 12,5 de la deuxième ligne du tableau vers la première représente la distance parcourue par la voiture avec un litre d'essence : 12,5 km/ℓ (12,5 kilomètres par litre).

Le produit des deux coefficients de proportionnalité vaut 1 : $0,08 \times 12,5 = 1$.

Augmentation exprimée en pourcentage

Un commerçant prend une marge bénéficiaire de 20 % sur ses prix de revient. Cela signifie qu'il vend 120 F un article qui lui revient à 100 F.
On demande d'exprimer le prix de vente y d'un article quelconque en fonction du prix de revient x de cet article.

Calcul de y

$$y = x + x \times \frac{20}{100} = x + x \times 0,2 = x(1 + 0,2) = x \times 1,2.$$

Pour trouver le prix de vente y, on multiplie le prix de revient x par 1,2.

Prix de revient x (en F)	100	200	250	420	500
Prix de vente y (en F)	120	240	300	504	600

↓ × 1,2

Grandeurs-quotients et grandeurs-produits

Consommation d'un appareil électrique

Un radiateur électrique a une puissance de 0,9 kW.
Le tableau de proportionnalité suivant concerne ce radiateur.
On demande de compléter ce tableau sans utiliser le coefficient de proportionnalité 0,9.

Durée de fonctionnement (en h)	1	2	3	4	5	6
Consommation au compteur (en kWh)	0,9	1,8				

$\downarrow \times 0,9$

Rappels
– Le kilowatt (kW) est une unité de puissance.
– Le kilowattheure (kWh) est une unité d'énergie.
Le kilowattheure est l'énergie consommée en une heure par un appareil électrique dont la puissance est d'un kilowatt.

Pour compléter le tableau, on peut utiliser l'égalité des « produits en croix », ou bien les propriétés suivantes des applications linéaires :

- Quel que soit le nombre k, si le nombre x a pour image (ou correspondant) le nombre y, alors le nombre $x \times k$ a pour image le nombre $y \times k$.

$$\begin{array}{c} \times 2 \\ 2 \rightarrow 4 \\ \hline \times 2 \\ 1,8 \rightarrow 3,6 \end{array} \qquad \begin{array}{c} \times 3 \\ 2 \rightarrow 6 \\ \hline \times 3 \\ 1,8 \rightarrow 5,4 \end{array}$$

- Si les nombres x et x' ont pour images respectives les nombres y et y', alors le nombre $x + x'$ a pour image le nombre $y + y'$.

1	2	3
0,9	1,8	2,7

2	3	5
1,8	2,7	4,5

Diminution exprimée en pourcentage

Un magasin solde son stock avec une réduction de 30 % sur les prix affichés. Cela signifie qu'il vend 70 F un article qui est affiché à 100 F.
On demande d'exprimer le prix réel y d'un article quelconque en fonction du prix affiché x de cet article.

Calcul de y : $y = x - x \times \dfrac{30}{100} = x - x \times 0,3 = x(1 - 0,3) = x \times 0,7$.

Pour trouver le prix réel y, on multiplie le prix affiché x par 0,7.

Prix affiché x (en F)	100	150	200	320	400
Prix réel y (en F)	70	105	140	224	280

$\downarrow \times 0,7$

mathématiques

La Première Guerre mondiale (1914-1918)

1 Les origines du conflit

L'assassinat, le 28 juin 1914, à Sarajevo du prince-héritier d'Autriche-Hongrie ouvre dans les Balkans une crise qui aboutit au déclenchement d'une guerre générale en Europe. Ce conflit a cependant des causes plus profondes.

Dominant le monde, les puissances européennes connaissent de fortes oppositions économiques (**lutte pour le partage du monde,** rivalités coloniales). La **question des nationalités** crée des foyers de tensions importants dans les Balkans.

Depuis bientôt trente ans, les pays européens se préparent à l'affrontement, constituent des **systèmes d'alliances** (Triple-Alliance autour de l'Allemagne, Triple-Entente entre la France, le Royaume-Uni et la Russie) et se lancent dans une **course aux armements.**

Les campagnes nationalistes font monter les tensions en 1914.

2 Le déroulement du conflit

L'année 1914 voit l'**échec de la guerre courte** prévue par les militaires. L'offensive allemande en France est arrêtée par la bataille de la Marne. Les Russes sont battus à Tannenberg et aux lacs Mazures. La guerre devient alors une **guerre de position.** Les armées se font face dans une guerre des tranchées. Il faut user l'ennemi (Verdun, 1916). On se bat sur terre, sur mer (guerre sous-marine) et dans les airs. Le conflit gagne toute l'Europe. Il prend une **dimension économique** (blocus, économie de guerre).

L'année 1917 est marquée par des **crises** importantes (mutineries en France, grèves et tensions dans de nombreux pays, révolution russe). **Le rapport des forces se modifie :** la Russie se retire du conflit ; les États-Unis entrent en guerre aux côtés des alliés. L'année 1918 voit le retour de grandes offensives allemandes ; leur échec amène la fin du conflit. Le 11 novembre 1918, l'armistice est signé à Rethondes.

3 Les conséquences de la guerre

Les pertes humaines sont lourdes et les destructions très importantes. L'Europe sort dévastée et ruinée de ce conflit. Elle **perd sa prépondérance sur le monde.** Les vainqueurs réunissent la conférence de Paris et imposent leurs choix aux vaincus. Le 28 juin 1919, l'Allemagne doit signer le **traité de Versailles.** La carte de l'Europe est profondément modifiée. L'Autriche-Hongrie n'existe plus. L'Allemagne perd de nombreux territoires (corridor polonais). De **nouveaux pays** font leur apparition : Pologne, Tchécoslovaquie, Yougoslavie. La France retrouve l'Alsace-Lorraine. L'Allemagne est déclarée responsable du conflit. Son armée est démantelée. Elle doit payer de fortes réparations.

Une **Société des Nations** est créée pour organiser sur de nouvelles bases les relations internationales, mais de nombreux problèmes demeurent en suspens (nationalités).

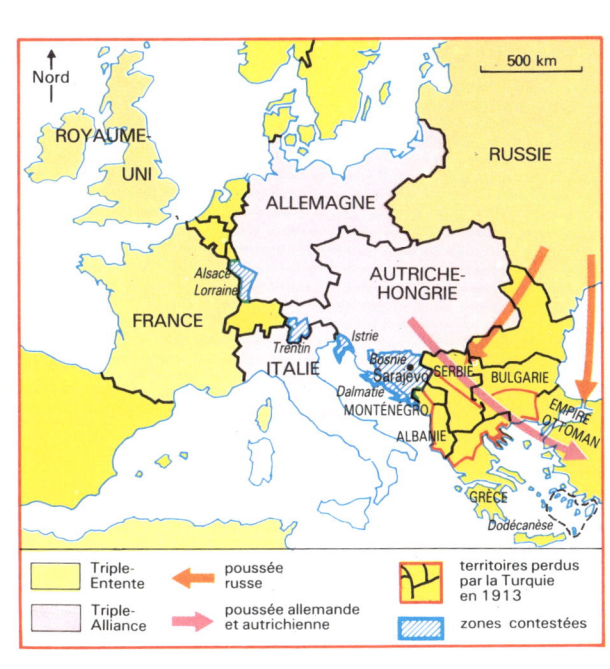

Alliances et tensions en 1912-1914

La montée des tensions en Europe conduit à la constitution de deux blocs diplomatiques adverses. Les Balkans sont un lieu de tension majeur.

Légende :
- Triple-Entente
- Triple-Alliance
- poussée russe
- poussée allemande et autrichienne
- territoires perdus par la Turquie en 1913
- zones contestées

Tranchée française en 1915

Pendant quatre ans, dans les tranchées, les soldats connaissent la boue, la peur, la mort. Une génération sort de ce conflit marquée à jamais.

Les pertes humaines de quelques pays

Pays	Mobilisés	Morts
	(en millions)	
Allemagne	13	2
Russie	15	1,7
Autriche-Hongrie	9	1
France	8,3	1,4
Royaume-Uni	8	0,8
Italie	5,6	0,5
États-Unis	3,8	0,1

Le bilan humain du conflit est particulièrement lourd ; de plus, le phénomène des « classes creuses » hypothèque l'avenir démographique de l'Europe.

La Russie et l'U.R.S.S. de 1914 à 1941

1 La révolution russe

En 1914, la Russie est un « géant aux pieds d'argile ». Son économie, malgré un essor industriel, est **agraire** et **archaïque**. Le pouvoir tsariste est **autocratique**. Des forces d'opposition, révolutionnaires pour la plupart, existent, mais sont fortement réprimées. La guerre accentue les difficultés : défaite militaire, faillite de l'économie, crise politique.

En mars 1917, une **révolution spontanée** fait tomber le régime (révolution de février). Un gouvernement provisoire dominé par les modérés (parti K.D., socialistes-révolutionnaires, mencheviks) se met en place, mais ne peut faire face à la situation (poursuite de la guerre, absence de réforme agraire).

Au sein des soviets, organismes révolutionnaires apparus en février, les **bolcheviks,** partisans d'une radicalisation de la révolution, s'affirment, font échouer les tentatives contre-révolutionnaires (putsch de Kornilov) et prennent le pouvoir en novembre 1917 (révolution d'Octobre).

2 Les débuts difficiles du nouveau régime

Les bolcheviks (Lénine, Trotski), prennent des **mesures importantes :** la paix immédiate, la terre aux paysans, le respect des nationalités, le contrôle ouvrier dans les entreprises. L'hostilité de leurs adversaires, conservateurs et révolutionnaires modérés, et l'aide fournie par l'Occident, conduisent à une **guerre civile** qui dure jusqu'en 1921.

Bénéficiant du soutien populaire, les bolcheviks l'emportent et repoussent l'intervention étrangère. Pour faire face, le régime s'est radicalisé : création de l'Armée Rouge, d'une police politique, **communisme de guerre** et socialisation autoritaire de l'économie.

En 1921, les bolcheviks, devenus parti communiste, sont désormais seuls au pouvoir. La situation est très difficile : ruine économique, épidémies, famine. Aussi Lénine lance une **nouvelle politique économique** (la N.E.P.). En 1922 est fondée **l'U.R.S.S.,** État fédéral et multinational.

3 Staline et la collectivisation

En 1924 Lénine meurt. La N.E.P. a des résultats inégaux : ravitaillement difficile, inégalités sociales, croissance ralentie. La succession de Lénine voit l'**affrontement de Trotski et de Staline**. Ce dernier l'emporte et engage le pays dans de profondes transformations.

Une **planification centralisée** est mise en place à partir de 1928 (plans quinquennaux) pour rattraper en dix ans le retard sur l'Occident. En 1929 les **terres sont collectivisées** (kolkhozes et sovkhozes) de même que l'industrie. La priorité est donnée à l'industrie lourde. L'U.R.S.S. devient la 3e puissance économique mondiale. La société connaît de profondes transformations : alphabétisation, exode rural et urbanisation, amélioration du niveau de vie.

Dans le même temps, **Staline renforce son pouvoir personnel** sur le pays et sur le parti. Des purges frappent les opposants (« dékoulakisation », les koulaks sont les paysans enrichis, et procès de Moscou). Le culte de Staline se développe.

Vladimir Illitch Oulianov, dit Lénine (1870-1924)

Partisan du marxisme, Lénine organise la fraction bolchévique du parti social-démocrate russe. Il se prononce pour un parti de « révolutionnaires professionnels » apte à prendre le pouvoir et à mettre en place une société socialiste.

Un témoignage sur la N.E.P.

Après les difficultés de la guerre civile, la politique de la N.E.P. permet un redressement de la situation.

Nous traversons des plaines parfaitement cultivées où les paysans travaillent des champs divisés, comme chez nous. (...) À Moscou, la vie renaît. Les magasins de commerce privé s'ouvrent. La Russie commence à respirer. (...) Hier, il était interdit de vendre ou d'acheter : c'était le système purement communiste, avec le régime des bons. Toutes les boutiques étaient fermées. Aujourd'hui, les marchés pullulent. Arrêtons-nous à celui-ci, au boulevard des Fleurs.
En un court espace, des centaines de boutiques en bois s'accumulent, séparées par d'étroites ruelles. À cette foule grouillante on vend de tout : du tabac, des meubles, de la quincaillerie, de la brosserie, des lits de fer, des samovars, de la porcelaine, du mastic, de la corde, des paniers, des cartes postales, des icônes, des fourrures.

E. HERRIOT, *La Russie nouvelle*, 1922.

Du village traditionnel au kolkhoze

avant 1917

après 1917

années 30

propriétés individuelles :
- terres appartenant aux nobles
- terres appartenant aux paysans

propriétés collectives :
- prairies communautaires
- terres du kolkhoze

De 1917 à 1929, l'agriculture connaît de grandes transformations. Mais la collectivisation brutale provoque de graves difficultés économiques, sociales et politiques.

histoire-géographie

Les États-Unis et la crise économique mondiale

1 L'Amérique des Républicains

En 1918, les États-Unis sont devenus la **première puissance économique mondiale**. Après une crise brève, mais violente, en 1921, ils s'engagent dans une **forte croissance économique**. C'est la prospérité des années 20 qui voit une modernisation de l'industrie, le développement d'une consommation de masse et la mise en place de « l'american way of life ». Cela s'accompagne du **retour des Républicains au pouvoir** (Harding, Coolidge, Hoover). Partisans d'une politique économique libérale sans intervention de l'État, ils pratiquent une politique extérieure isolationniste (non-participation à la S.D.N.).
L'Amérique se replie sur elle-même. Les lois des quotas (1921 et 1924) limitent l'immigration. La xénophobie se développe (affaire Sacco et Vanzetti). La tradition puritaine est revivifiée, notamment par la prohibition qui interdit la vente et la consommation d'alcool (1919).

2 La crise de 1929

Après des années de forte croissance, la bourse de Wall Street connaît en octobre 1929 un **krach retentissant.** Une crise profonde débute.
Aux États-Unis le krach provoque une **crise bancaire** qui débouche sur une **crise économique** (chute de la production) et **sociale** (développement du chômage). L'industrie et l'agriculture sont touchées. La crise est longue (13 millions de chômeurs en 1933).
Les États-Unis rapatrient leurs capitaux ; le commerce international est freiné. La **crise gagne les autres pays.** L'Autriche et l'Allemagne sont touchées, puis le Royaume-Uni et la France. Le nombre des chômeurs s'accroît (30 millions dans le monde).
Économistes et dirigeants politiques sont désorientés par l'ampleur de la crise. Les **solutions** qu'ils présentent d'abord accentuent les difficultés.

3 Roosevelt et le New Deal

Le républicain Hoover se révèle incapable de faire face à la crise. Aussi en 1932 le **démocrate Roosevelt** est élu président des États-Unis. Il propose une « nouvelle donne »: le New Deal. Cette **politique d'inspiration keynesienne,** sans remettre en cause l'économie libérale, propose une redistribution des chances au profit des plus démunis grâce à l'**intervention de l'État.**
Roosevelt lance des plans de grands travaux pour résorber le chômage. Il prend des mesures pour l'agriculture (A.A.A.) et l'industrie (N.I.R.A.), reconnaît les syndicats. Il réorganise le système bancaire, pratique une **politique d'inflation contrôlée** et dévalue le dollar de 41 %.
Cette politique provoque l'hostilité des milieux d'affaires et de la Cour Suprême. Mais, réélu en 1936, Roosevelt a le soutien de l'opinion. L'économie redémarre mais connaît de nouvelles difficultés en 1937-1938. Face à la montée des tensions internationales, Roosevelt s'efforce de **rompre avec l'isolationnisme.**

La constitution des États-Unis

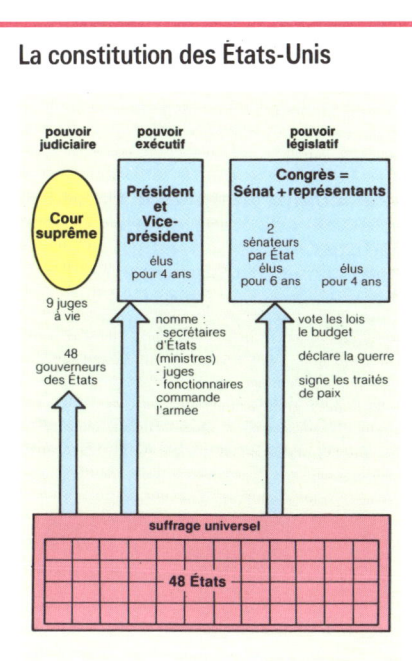

La constitution américaine institue une séparation entre les pouvoirs et assure la prééminence de l'exécutif sur le législatif.

Des réponses à la crise

La crise est mondiale. Cette caricature illustre les réactions diverses qu'elle suscite selon les pays.

Sortir de la crise

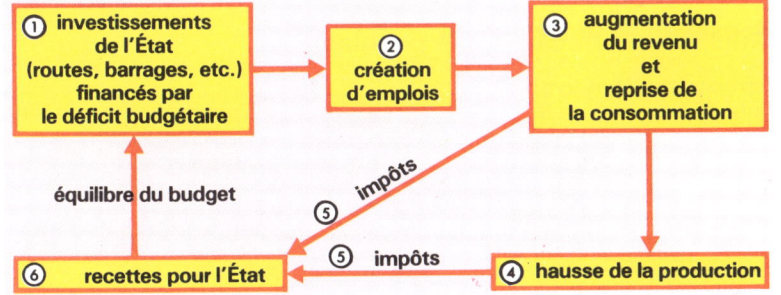

L'économiste britannique Keynes propose une politique où le déficit budgétaire donne à l'État les moyens de relancer l'activité économique.

La France de 1919 à 1939

1 Les lendemains de la guerre

La France sort victorieuse, mais profondément marquée, du conflit. Le bilan humain et matériel est lourd. Des **tensions accompagnent la reconstruction.** Les anciens combattants s'indignent du luxe des nouveaux riches. **Le mouvement socialiste se divise** au congrès de Tours (décembre 1920) : les majoritaires fondent le parti communiste ; les minoritaires maintiennent la S.F.I.O. Les élections de 1919 voient le **succès de la droite** (chambre « bleu horizon »). Mais les gouvernements sont **instables** et font difficilement face aux problèmes nés de la guerre : déficit budgétaire, reconstruction économique, tensions internationales liées à l'application des traités (occupation de la Ruhr).
Aussi le **Cartel des Gauches** (S.F.I.O.-radicaux) remporte les élections de 1924. Il se heurte au « mur d'argent » et ne parvient pas à faire face à la crise financière. La droite modérée revient au pouvoir avec **Poincaré, qui stabilise le franc (1928)** et redresse la situation économique.

2 La crise en France

La crise de 1929 ne touche la France qu'à partir de 1931. La production baisse, le chômage s'accroît, les inégalités sociales se renforcent et une crise morale se développe. **Les difficultés débouchent sur une crise politique.** La gauche gagne les élections de 1932 mais les gouvernements sont instables et éclaboussés par des scandales politico-financiers (affaire Stavisky). Une **contestation d'extrême-droite** avec des campagnes antiparlementaires, antisémites et xénophobes se développe (rôle de l'Action française et des ligues). Elle aboutit, le 6 février 1934, à une tentative de coup de force contre la République. Un gouvernement d'Union nationale permet alors le **retour de la droite au pouvoir.** Celle-ci met en œuvre une politique anti-crise peu efficace qui dresse contre elle couches populaires et classes moyennes. En réponse au 6 février, S.F.I.O., P.C. et radicaux constituent un **« Front populaire pour le pain, la paix, la liberté ».**

3 Succès et échec du Front populaire

Le Front populaire remporte les élections de 1936. Dans les semaines qui suivent, un **vaste mouvement de grèves avec occupation d'usines** touche plus de 2 millions de travailleurs.
Le socialiste Léon Blum devient président du Conseil et organise des négociations entre les syndicats et le patronat **(accords Matignon).** Les salaires sont augmentés. Des **lois sociales sont votées :** semaine de 40 heures, congés payés, conventions collectives. Des mesures sont prises pour lutter contre la crise. Après ces succès, le **Front populaire connaît des difficultés :** « pause » dans les réformes, non-intervention dans la guerre d'Espagne, violentes attaques de la droite et de l'extrême-droite. Léon Blum démissionne en 1937. Le Front populaire s'effrite. En 1938 le radical Daladier constitue un **gouvernement de centre droit** et pratique une politique économique libérale qui accentue la démobilisation de la gauche. À la veille de la guerre, le malaise social et politique est profond.

Poincaré et la stabilisation du franc

Cette caricature témoigne de l'importance du problème monétaire au lendemain de 1918 et de la popularité durable que gagne Poincaré par sa stabilisation du franc.

Forces politiques et gouvernements en France

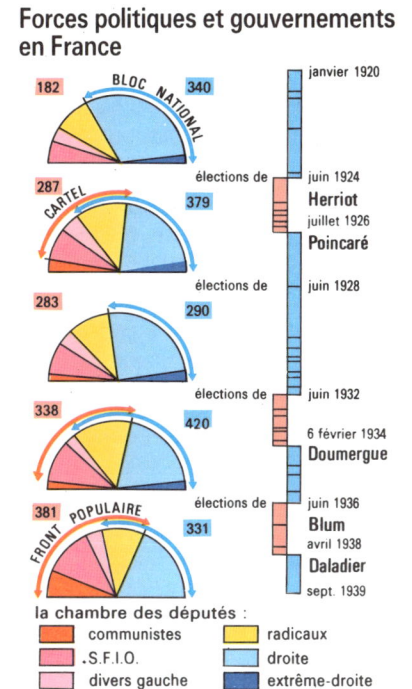

la chambre des députés :
- communistes
- S.F.I.O.
- divers gauche
- radicaux
- droite
- extrême-droite

La joie du départ en vacances

Les premiers congés payés constituent une grande conquête ouvrière et marquent profondément l'année 1936.
— Pensez, Monsieur, me dit une ouvrière, qu'avec mon mari et les enfants on va pouvoir enfin aller « chez nous » en Bretagne. Il y a si longtemps qu'on n'a pas vu les « vieux ».
— Vous êtes bien contente, alors ?
— Ah ! oui, et les petits aussi. (...)
— Vous voyez, clame bien haut un rude travailleur, cela c'est grâce au gouvernement de Front populaire que vous l'avez !
— C'est que, vous savez, me confie un autre, nous n'avons jamais eu de vacances, nous. Dans la soirée, nous avons pu assister à la sortie d'une grande usine de la banlieue. On eût dit une sortie d'école après la dernière classe. Comme des gosses qui partent en vacances, tous, plus ou moins bruyamment, exprimaient leur joie faite tout à la fois d'espoirs contenus et d'étonnement. Au milieu des rires, les adieux se faisaient comme au départ d'un lointain voyage.

Le Populaire (organe du parti socialiste), juillet 1936.

Italie fasciste et Allemagne hitlérienne

1 L'Italie fasciste

Bien que victorieuse, l'Italie connaît en 1918 **une crise profonde:** difficultés économiques, troubles sociaux et poussée de la gauche, revendications nationalistes (la « victoire mutilée »), incapacité des gouvernements à faire face à la situation.

Un ancien socialiste, **Mussolini, crée en 1919 le mouvement fasciste** pour exploiter ce mécontentement et s'opposer aux socialistes et communistes. Ses **méthodes violentes** (rôle des chemises noires), le soutien des industriels et des grands propriétaires, la neutralité des conservateurs lui permettent d'accéder au pouvoir en octobre 1922 (marche sur Rome). Il installe alors progressivement sa **dictature :** assassinat de Matteotti en 1924 ; lois « fascistissimes » de 1926.

Un **régime totalitaire** est mis en place. Un seul parti – le Parti national fasciste –, dirigé par le **Duce,** domine l'État et le pays.

La **population est encadrée** dès son plus jeune âge. Les libertés sont supprimées et la presse est contrôlée. Les opposants sont pourchassés et arrêtés.

Voulant une Italie prospère et puissante, Mussolini multiplie les grands travaux, lance la **bataille du blé** et favorise la natalité. Il normalise les rapports avec la Papauté **(accords du Latran).** Après quelques succès, le régime a du mal à faire face à la crise mondiale. Il s'engage dans une **politique d'expansion** (Éthiopie) et se rapproche de l'Allemagne hitlérienne. Malgré la répression, une opposition subsiste et le régime ne résiste pas à la guerre.

2 L'Allemagne hitlérienne

En 1918, la défaite militaire entraîne **la chute de l'Empire.** La République de Weimar se met en place dans des **conditions difficiles :** écrasement des communistes par les socialistes, graves difficultés économiques et sociales nées de la guerre, fort courant nationaliste rejetant le traité de Versailles et rendant le nouveau régime responsable de la situation.

C'est dans ce contexte qu'**apparaît un nouveau parti** créé par Hitler, le parti national-socialiste (nazi). Fondé sur une idéologie raciste et antisémite, violemment nationaliste, ce parti prône un État fort s'opposant aux communistes et à la démocratie. Après l'échec du putsch de Munich (1923), il est dans une situation marginale. La crise de 1929 fournit à Hitler l'occasion de parvenir au pouvoir. Face à l'incapacité des gouvernements et à la montée des communistes, **il apparaît comme un recours** aux couches moyennes frappées par la crise et aux industriels inquiets. Multipliant les pressions violentes dans la rue (rôle des S.A.), il progresse aux élections et devient **chancelier en janvier 1933.** Très vite il **impose sa dictature au pays :** parti unique, culte du Führer, encadrement politique et idéologique, répression (Gestapo), antisémitisme et persécutions raciales (lois de Nuremberg). Pour relancer l'économie et soutenir ses **revendications nationalistes,** il pratique une politique dirigiste (plan de quatre ans) et **réarme** le pays. Il s'attache à remettre en cause le traité de Versailles et cette politique agressive conduit à la guerre.

Les corporations

S'opposant à l'idée de lutte des classes, Mussolini supprime les syndicats, interdit la grève et met en place des corporations, organismes qui regroupent patrons et ouvriers d'un même métier et assurent la prépondérance du patronat.

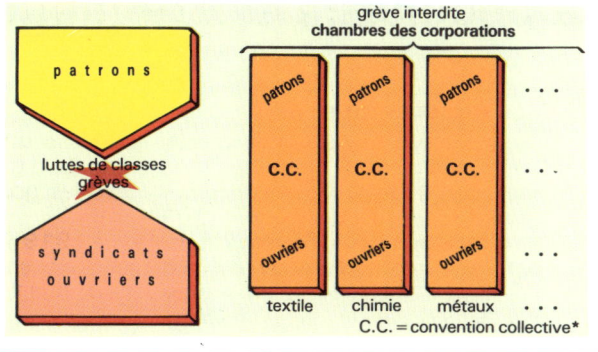

C.C. = convention collective*

Parvenu au pouvoir, Hitler met en œuvre une politique nationaliste et expansionniste fondée sur le racisme et la violence.

L'encadrement de la jeunesse

« C'est avec la jeunesse que je commencerai ma grande œuvre éducatrice (…). Nous ferons croître une jeunesse devant laquelle le monde tremblera. Une jeunesse, impérieuse, intrépide, cruelle. C'est ainsi que je la veux. Elle saura supporter la douleur. Je ne veux en elle rien de faible ni de tendre. Je veux qu'elle ait la force et la beauté des jeunes fauves. Je la ferai dresser à tous les exercices physiques.
Je ne veux aucune éducation intellectuelle. Le savoir ne ferait que corrompre mes jeunesses. »
H. RAUSCHNING, *Hitler m'a dit*, Le Livre de poche, 1979.

L'antisémitisme

Lois de Nuremberg (15-9-1935) :
Art. 1. – Les mariages entre juifs et citoyens de sang allemand ou apparenté sont interdits. Tout contrevenant sera puni des travaux forcés. Est citoyen allemand exclusivement le ressortissant de sang allemand ou apparenté.

Ordonnances du 12-11-1938 :
Art. 1. – Il est interdit aux juifs d'exploiter des magasins de vente au détail, des entreprises d'expédition ou des comptoirs recevant des commandes, ainsi que l'exercice d'un métier à leur compte.

Plan de 4 ans et militarisation de l'économie

Nous sommes surpeuplés et nous ne pouvons pas subsister sur notre propre sol. La solution définitive réside en un élargissement de l'espace vital, source de matières premières et de la subsistance de notre peuple (…). Nous avons pu, en quatre ans, constater ce que nous ne pouvions pas faire. Il est maintenant nécessaire de réaliser ce que nous pouvons.
Je fixe donc les tâches suivantes :
1. L'armée allemande doit être prête à entrer en action dans quatre ans.
2. Dans quatre ans, l'économie allemande doit être capable de supporter une guerre.
Mémoire secret de HITLER, mars 1936.

La Seconde Guerre mondiale

1 Les origines du conflit

La paix établie en 1919 est **fragile.** Une certaine détente se manifeste jusqu'en 1929 (rôle de la S.D.N.), mais la crise entraîne l'échec des politiques de sécurité collective. **Hitler** remet en cause le traité de Versailles : réarmement (1934), remilitarisation de la Rhénanie (1936). Il rompt son isolement diplomatique : axe Rome-Berlin et pacte anti-Komintern avec le Japon (1936). Il se lance dans une **politique expansionniste** de reconstitution d'un Grand Reich : unification avec l'Autriche (Anschluß, 1938), annexion des Sudètes (Munich, 1938), revendication de la ville de Dantzig (1939).
Face à ces coups de force, souvent par crainte de l'U.R.S.S., **les démocraties cèdent aux exigences de Hitler** et pratiquent une politique d'apaisement. Les États-Unis restent fidèles à leur isolationnisme. En août 1939, pour éviter de combattre sur deux fronts, Hitler signe un pacte de non-agression avec l'U.R.S.S. Le 1er septembre 1939, il envahit la Pologne.

2 Les victoires de l'Axe (1939-1942)

Bien que les forces militaires soient relativement équilibrées, la stratégie offensive de Hitler **(Blitzkrieg)** lui permet de remporter des **succès importants.** La Pologne est écrasée (septembre 1939). Pendant la « drôle de guerre », il occupe le Danemark et la Norvège. Puis il **bat la France en quelques semaines** (mai-juin 1940).
Le Royaume-Uni reste seul en guerre et résiste aux bombardements aériens (bataille d'Angleterre) et au blocus (bataille de l'Atlantique). Pour venir en aide à l'Italie, Hitler occupe la Yougoslavie, la Grèce et débarque en Libye, contrôlant ainsi la Méditerranée (1941).
Fort de ces succès, **Hitler attaque l'U.R.S.S. en juin 1941** et occupe une part importante du pays. **En décembre 1941, le Japon attaque les États-Unis** (Pearl Harbour) et s'assure la maîtrise du Pacifique. En 1942, les dictatures contrôlent la majeure partie du monde et semblent invincibles.

3 La victoire des Alliés (1942-1945)

1942 est l'**année des premières défaites** pour les dictatures : Midway, El Alamein, Stalingrad. La guerre devient totale : sur terre, sur mer, dans les airs. États-Unis, Royaume-Uni et U.R.S.S. constituent la **« Grande Alliance »** et coordonnent leurs efforts pour aboutir à la victoire. En Europe orientale, l'U.R.S.S. commence à repousser la Wehrmacht à partir de 1943. Anglais et Américains débarquent en Afrique du Nord (1942) puis en Italie (1943). Le 6 juin 1944, le débarquement en Normandie est un succès. En 1945, les Alliés sont aux portes de l'Allemagne. Écrasé sous les bombes, envahi, le Reich capitule le **8 mai 1945.**
Dans le Pacifique les Américains mènent à partir de 1943 une reconquête lente et méthodique. Face au durcissement japonais, les 6 et 9 août 1945, les États-Unis utilisent la **bombe atomique.** Le Japon capitule le 2 septembre 1945.

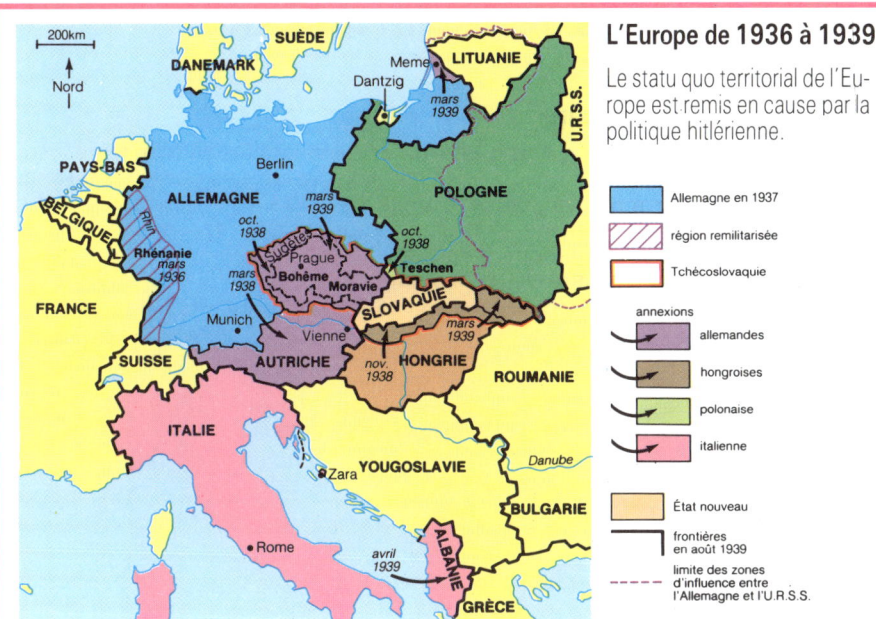

L'Europe de 1936 à 1939

Le statu quo territorial de l'Europe est remis en cause par la politique hitlérienne.

Le sort de la Pologne

Le succès de l'Allemagne s'accompagne d'une domination très forte sur les pays occupés comme en témoigne la situation de la Pologne. De plus, un système concentrationnaire, où des millions de personnes – communistes, résistants, juifs – sont exterminées, est mis en place.

La seule manière d'administrer la Pologne consistera à exploiter ce pays sans aucun ménagement, en lui prenant tous les produits alimentaires, les matières premières, les machines, nécessaires à l'économie de guerre allemande, (...) à réduire l'ensemble de l'économie polonaise au minimum indispensable à la simple survie de la population.

FRANK, gouverneur général de Pologne, 1939.

La production de guerre

	1942	1943	1944
Allemagne			
Acier (millions de t)	32,1	34,6	28,5
Avions	15 400	24 800	38 000
Chars	9 400	19 900	27 300
États-Unis			
Acier (millions de t)	76,0	79,0	80,0
Avions	47 900	85 900	97 000
Chars	25 000	30 000	17 500
U.R.S.S.			
Acier (millions de t)	4,8	8,4	10,8
Avions	25 500	34 900	40 300
Chars	24 700	24 000	29 000

L'ampleur des combats et la nature de la guerre impliquent une mobilisation économique de chaque camp extrêmement importante. Cet aspect est déterminant dans l'issue du conflit.

Les relations internationales de 1945 à 1975

1 Le monde en 1945

Le bilan de la guerre est **très lourd :** pertes humaines considérables (plus de 60 millions de morts), destructions importantes avec une grande extension géographique, choc moral lié à la révélation de la barbarie nazie.
À Yalta (février 1945) et Postdam (juillet-août 1945), les vainqueurs discutent de la **réorganisation du monde.** De profonds bouleversements territoriaux ont lieu en Europe. L'Allemagne perd des territoires ; elle est divisée et occupée par les vainqueurs. Les États-Unis règlent seuls le sort du Japon et lui imposent la perte de son empire et de profondes transformations intérieures.
Le **rapport de force international est modifié.** Le déclin de l'Europe paraît irrémédiable. **Deux grandes puissances** dominent désormais le monde : les États-Unis et l'U.R.S.S. En 1945, l'O.N.U. est créée avec pour objectif de maintenir la paix et développer la coopération internationale.

2 La guerre froide 1947-1962

L'entente entre les vainqueurs dure peu. Les États-Unis veulent refouler le communisme (Truman). L'U.R.S.S. redoute un nouvel encerclement. L'année **1947 marque une rupture.** Deux blocs se constituent : autour des États-Unis, les pays qu'ils ont libérés conservent une économie libérale, acceptent l'aide Marshall et s'intègrent à l'O.T.A.N. (1949) ; autour de l'U.R.S.S. les pays libérés par l'Armée Rouge deviennent socialistes et forment le pacte de Varsovie (1955). Les deux blocs s'affrontent lors de **crises importantes :** le blocus de Berlin (1948-1949) qui aboutit à la création de deux États allemands, la guerre de Corée (1950-1953). Le **danger nucléaire** et l'équilibre qui s'établit entre les deux Grands empêchent le déclenchement d'un conflit généralisé.
À partir de 1953, une **certaine détente** se manifeste, mais les crises de Berlin (1961) et de Cuba (1962) témoignent de la persistance des tensions.

3 La détente 1962-1975

Au début des années 60 la **course aux armements** se révèle de plus en plus dangereuse et coûteuse. Les deux Grands modifient leur approche des relations internationales. L'U.R.S.S. prône la **coexistence pacifique** et les États-Unis évoquent une « riposte graduée » en cas d'agression. La détente succède à l'affrontement. Des négociations sur le désarmement se développent et aboutissent à la limitation des essais nucléaires. Les responsables des deux pays se rencontrent. Les échanges commerciaux entre l'Est et l'Ouest se développent. Le règlement du problème allemand progresse et, en 1975, la **conférence d'Helsinki** reconnaît les frontières nées de la Seconde Guerre mondiale.
Cependant, les deux Grands souhaitent le maintien du statu quo dans leurs zones d'influence (Amérique latine et Europe de l'Est) et des **foyers de tensions,** où ils s'affrontent indirectement, se maintiennent (Viêt-nam et Moyen-Orient).

Le système de Bretton Woods

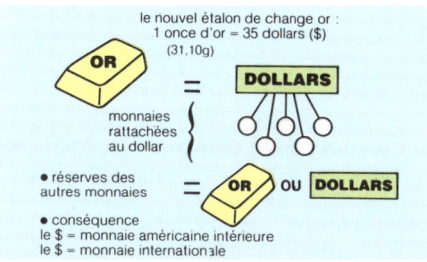

En 1944, l'effort de réorganisation et de concertation porte aussi sur le domaine économique avec la mise en place d'un système monétaire international garanti par un organisme de prêts, le F.M.I. (Fonds monétaire international).

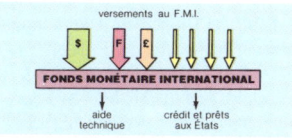

« Le rideau de fer »

De Stettin dans la Baltique à Trieste dans l'Adriatique, un rideau de fer est tombé sur le continent. Derrière cette ligne se trouvent toutes les capitales des anciens États de l'Europe centrale et de l'Est, Varsovie, Berlin, Prague, Vienne, Budapest, Belgrade, Bucarest et Sofia (...), toutes ces villes se trouvent dans la sphère soviétique, toutes sont soumises d'une manière ou d'une autre, au contrôle de Moscou.

W. Churchill, Discours de Fulton, mars 1946.

L'Indochine dans la guerre

De 1964 à 1973, les États-Unis tentent de s'opposer par la force à l'indépendance et à l'unification du Viêt-Nam. Cette guerre constitue un affrontement indirect entre États-Unis et U.R.S.S. et provoque une grave crise aux États-Unis.

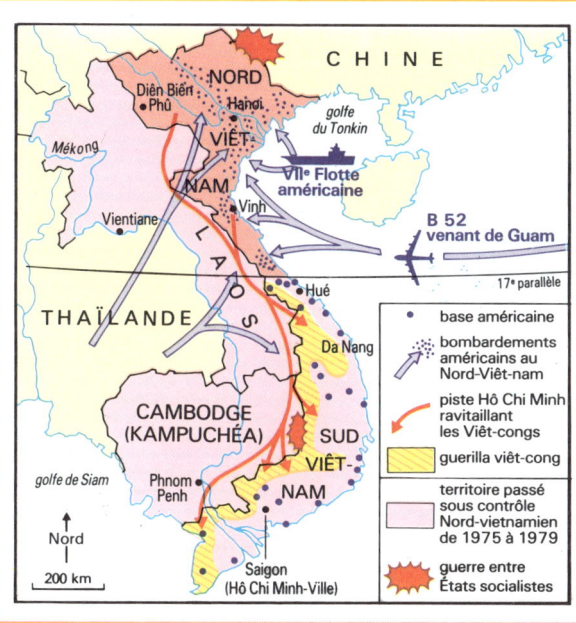

Décolonisation et émergence du Tiers monde

1 Un système colonial en crise

Durant l'entre-deux-guerres la **domination coloniale semble encore incontestée.** Pourtant des signes de crise apparaissent. Les sociétés coloniales sont confrontées à des **tensions économiques et sociales :** désorganisation de l'économie traditionnelle, dépendance économique accrue, poussée démographique et appauvrissement. Les élites locales, formées par les colonisateurs, restent dans une position secondaire. Des **mouvements nationalistes,** réclamant l'indépendance, commencent à se manifester (Inde, Maghreb, Asie du Sud-Est).

La **guerre accélère les évolutions.** Les puissances coloniales traditionnelles sont affaiblies ou vaincues. Le rôle des colonies est revalorisé à l'occasion des combats (Afrique, Inde). La victoire puis la défaite du Japon ébranlent profondément l'Asie. En 1945, les deux Grands, ainsi que l'O.N.U., qui vient d'être créée, ont une attitude anticolonialiste.

2 La décolonisation

Cela débouche sur l'**accession à l'indépendance** des différentes colonies.
Le mouvement débute **dès 1945.** Il touche d'abord l'**Asie dans les années 50,** puis gagne en extension, et atteint l'**Afrique dans les années 60.** Vers 1975, la décolonisation est pratiquement achevée.
Les modalités d'accession à l'indépendance sont très diverses. Dans certains cas les **évolutions** sont **négociées et pacifiques :** Afrique occidentale britannique, Afrique noire française. Mais très souvent le refus des puissances coloniales d'accorder l'indépendance, les richesses naturelles des pays colonisés, la place des communistes dans les mouvements de libération conduisent à des **conflits** et des **affrontements :** indépendance et bipartition de l'Inde en 1948 ; guerre d'Indochine (1946-1954) puis guerre d'Algérie (1954-1962) pour la France ; tensions et affrontements en Afrique noire (colonies portugaises, Congo belge).

3 La naissance du Tiers monde

En avril 1955, se tient **la conférence de Bandoung.** Vingt-neuf pays d'Asie et d'Amérique, anciennes colonies pour la plupart, condamnent le colonialisme et abordent les problèmes du développement économique et culturel. Le **Tiers monde apparaît** sur la scène internationale. Cela débouche sur la constitution du « Mouvement des non-alignés » (conférence de Belgrade, 1961). Il refuse de se reconnaître dans un des blocs et revendique un **nouvel ordre économique mondial** qui permette aux anciens pays colonisés de briser leur dépendance économique et d'assurer leur développement économique et social.

Malgré ces efforts, **la situation du Tiers monde reste difficile.** Le dialogue Nord-Sud se heurte aux craintes du Nord de perdre sa prééminence économique (rôle du F.M.I.). Les pays du Tiers monde restent en proie à de **nombreux conflits** résultant souvent de la décolonisation (guerre du Biafra, conflit Inde-Pakistan).

L'Algérie en 1954

Population (en milliers)	1906	1931	1954
Musulmans	4477	5588	8449
Non-musulmans	680	881	984

Population active	Européens	Musulmans
Primaire	14,4 %	87,8 %
Secondaire	28,6 %	4,2 %
Tertiaire	57 %	8 %

Propriété agricole	Terres (%)	Population agricole (%)
Musulmans	75 %	98 %
Colons	25 %	2 %

Taille moyenne des exploitations : musulmans = 14 ha ; colons = 109 ha.

Après un siècle de présence française, les problèmes économiques et sociaux sont importants pour la population musulmane.

Répartition des sièges à l'O.N.U.

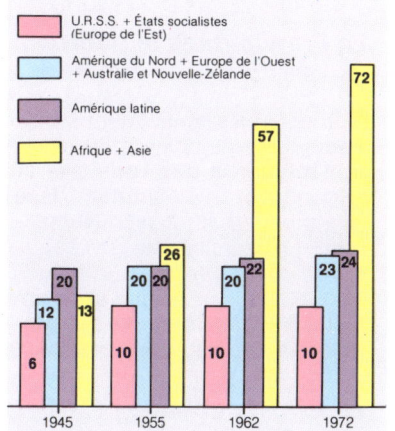

Avec la décolonisation, le poids des pays du Tiers monde s'accroît à l'O.N.U.

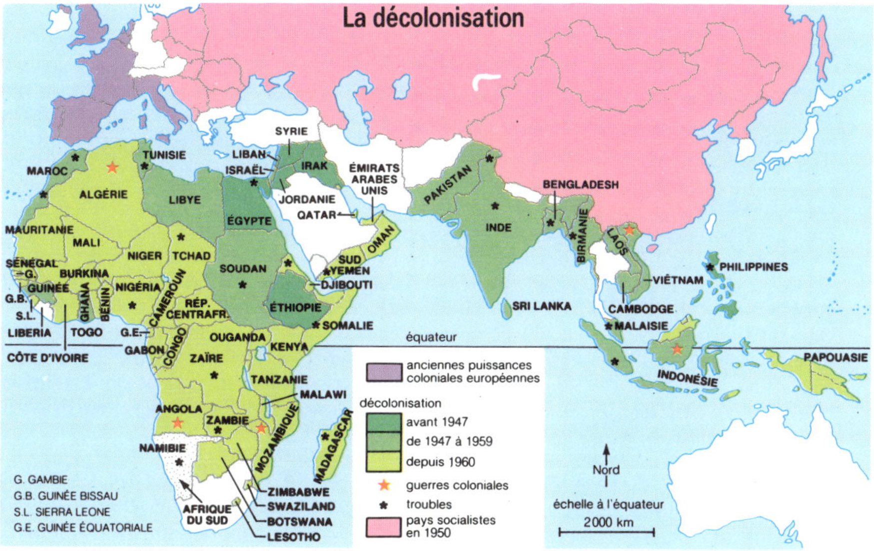

La décolonisation

(carte : anciennes puissances coloniales européennes ; décolonisation avant 1947, de 1947 à 1959, depuis 1960 ; guerres coloniales ; troubles ; pays socialistes en 1950 ; échelle à l'équateur 2000 km)

La France de 1939 à nos jours

1. La France dans la guerre

La défaite provoque la **chute de la IIIe République**. Installé à **Vichy,** Pétain, chef de l'État français, instaure un **régime autoritaire et conservateur**. Partis politiques et élections sont supprimés. Les valeurs traditionnelles sont exaltées (Travail, Famille, Patrie). Un culte de Pétain se développe. Le **régime collabore,** de plus en plus activement, avec l'Allemagne et sert de relais à l'occupation du pays. Face à Vichy et à l'occupant, la **résistance** apparaît : à l'extérieur avec **de Gaulle,** à l'intérieur avec des mouvements nombreux et divers. D'abord minoritaire, elle se renforce, s'unifie avec la mise en place du **C.N.R.,** et réfléchit aussi à l'organisation future du pays (programme du C.N.R.).

En 1944, elle **participe activement à la libération du pays** et permet la mise en place d'un gouvernement provisoire autour de De Gaulle pour reconstruire le pays (nationalisations, planification, sécurité sociale).

2. La IVe République (1946-1958)

Dominée d'abord par le tripartisme (accord P.C., S.F.I.O., M.R.P.), la IVe République s'attache à **redresser la France**. Après une reconstruction rapide, l'**économie française se modernise.**

Un **régime parlementaire** se met en place mais connaît très vite des problèmes politiques : gaullistes et communistes sont dans l'opposition, l'instabilité ministérielle apparaît (21 gouvernements en 12 ans), des coalitions politiques hétérogènes se succèdent (Troisième Force ; droite classique avec Pinay ; Mendès-France ; Front républicain de G. Mollet).

En dépit de la modernisation, des problèmes économiques et sociaux demeurent (inflation, vie chère, logements). La **question coloniale** vient au premier plan. Après l'échec au Viêt-nam, la guerre d'Algérie débute en 1954 et se durcit après de vaines tentatives de réforme. Cela conduit à la **crise du 13 mai 1958** qui provoque la chute du régime et le retour de de Gaulle au pouvoir.

3. La Ve République (depuis 1958)

De Gaulle instaure un **régime de type présidentiel** dominé par le parti gaulliste. Il met fin à la guerre d'Algérie (1962) et s'attache à redresser l'indépendance et le prestige de la France (retrait de l'O.T.A.N., force de frappe). La modernisation économique se poursuit.

Des problèmes économiques et sociaux conduisent à la **crise de mai 1968** qui ébranle le régime. De Gaulle démissionne en 1969. **Pompidou** lui succède. Maintenant les options gaullistes, il procède à une ouverture au centre. **La gauche réalise son unité** (1972). En 1974, le libéral **Giscard d'Estaing** est élu président de la République. Il réalise des réformes (I.V.G., vote à 18 ans) mais la **crise économique** pèse sur la situation politique et conduit, en 1981, au **succès de F. Mitterrand.** Après d'importantes réformes de structures (gouvernement Mauroy), le retour à une politique d'austérité (gouvernement Fabius) provoque une démobilisation de la gauche, le succès de la droite (gouvernement Chirac) et une situation politique incertaine (1988 réélection de F. Mitterrand).

Vichy et la collaboration

La collaboration fut une préoccupation constante de Vichy qui favorisa ainsi l'exploitation du pays par les nazis.

C'est dans l'honneur et pour maintenir l'unité française (...), que j'entre aujourd'hui dans la voie de la collaboration. Ainsi, dans un avenir prochain, pourrait être allégé le poids des souffrances de notre pays, amélioré le sort de nos prisonniers, atténuée la charge des frais d'occupation, assouplie la ligne de démarcation et facilité le ravitaillement.

Pétain,
Message radiodiffusé,
30 octobre 1940.

Pour construire l'Europe, l'Allemagne est en train de livrer des combats gigantesques. (...) Je souhaite la victoire allemande, parce que, sans elle, le bolchevisme demain s'installerait partout.

Laval,
Discours du 22 juin 1942.

La constitution de la IVe République

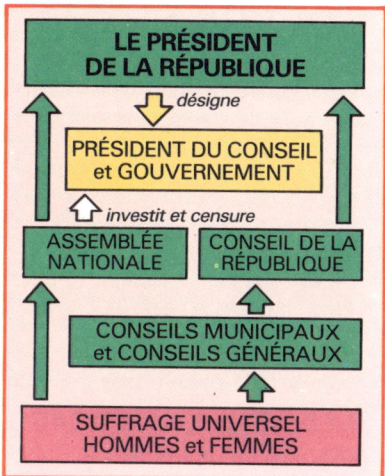

La constitution de 1946 institue un régime parlementaire qui aboutit à une forte instabilité gouvernementale et débouche finalement, en 1958, sur une grave crise institutionnelle et politique.

Le temps de la rigueur et du réalisme

1981 marque l'arrivée de la gauche au pouvoir sous la Ve République ; mais la modification de la politique des socialistes à partir de 1984 provoque une démobilisation populaire et favorise le retour de la droite au pouvoir.

(Plantu, *Le Monde*.)

Les transformations économiques et sociales

1 Le temps de la croissance

En 1945, le monde est profondément désorganisé par la guerre. Apres la reconstruction, il s'engage dans une **croissance économique importante et durable** (« Trente Glorieuses »). Les pays industrialisés d'économie libérale sont essentiellement concernés. **Plusieurs facteurs** expliquent cette croissance : poids du renouveau démographique, plan Marshall, impact des progrès scientifiques et techniques, rôle accru de l'État dans l'économie. Elle s'accompagne d'une internationalisation accrue de la production (rôle des firmes transnationales) et de mutations de l'appareil de production (importance du pétrole, essor des industries de pointe).

Modifiant profondément le contexte économique, la croissance pose un **certain nombre de problèmes** : inflation importante, déséquilibres régionaux et sociaux. Son rythme est divers selon les pays et les secteurs industriels ; elle est parfois marquée par des phases de récession.

2 La crise (depuis 1973)

L'année 1973 marque un renversement de la conjoncture économique. La hausse du prix du pétrole provoque une **crise aiguë et un ralentissement de la croissance.** Alors que l'inflation se poursuit, le chômage se développe et finit par toucher près de 10 % de la population active dans les pays industrialisés. Le **Tiers monde** subit le contrecoup de cette situation. Profondément endetté, il voit sa situation se dégrader de plus en plus.

Cette crise aux **causes complexes** – désorganisation du Système monétaire international, endettement et manque de rentabilité des entreprises, crise du modèle fordiste de l'organisation du travail – présente un **caractère durable** favorisant le développement de sociétés à deux vitesses où une partie de la population connaît une situation précaire. Face à la crise, les pays hésitent entre des **politiques keynesiennes** où l'État intervient et des **politiques libérales** (Thatcher, Reagan).

3 Les transformations sociales et culturelles

La croissance comme la crise provoquent des **bouleversements sociaux importants.** Le niveau de vie des ouvriers augmente mais les progrès scientifiques et techniques entraînent des mutations dans l'organisation du travail et des besoins plus grands en matière de formation. Le monde rural connaît un déclin important alors que les couches moyennes se développent. De **profondes inégalités** subsistent dans ces sociétés (minorités ethniques, travailleurs étrangers).

Des **mutations culturelles** se produisent. Une **culture de masse** se développe, favorisée par l'essor des moyens de communication. De nombreux pays sont confrontés à une explosion scolaire et aux problèmes posés par une démocratisation des systèmes d'enseignement. L'essor d'une société de consommation provoque des **phénomènes de contestation,** notamment dans la jeunesse. L'année 1968 voit des mouvements importants dans les pays occidentaux.

Croissance et innovation

Parmi les facteurs de la croissance, le progrès scientifique et sa mise en œuvre industrielle sont très importants.

L'innovation est devenue l'arme décisive de la concurrence. Le taux de renouvellement des fabrications a atteint un rythme qui était imprévisible avant guerre, et inconnu même il y a dix ans. Par exemple, les entreprises chimiques aux États-Unis considèrent qu'une situation normale, désormais, est celle où la moitié du chiffre d'affaires est fondée sur des produits qui n'existaient pas il y a dix ans.

J.-J. SERVAN-SCHREIBER,
Le défi américain,
Denoël, 1967.

Le sport, la publicité et l'art

Dessiné par le peintre Mondrian, ce maillot témoigne d'un mélange entre sport, art et publicité significatif des mutations culturelles du monde contemporain.

Le Sud endetté auprès du F.M.I. (Plantu, Le Monde.)

Avec la crise et la mondialisation de l'économie le déséquilibre s'accentue entre le Nord et le Sud, renforçant la dépendance et les difficultés de ce dernier.

Un monde multipolaire

1 De nouveaux rapports de force

Au milieu des années 70 **l'attitude des deux Grands se modifie**. Les États-Unis s'inquiètent de la puissance de l'U.R.S.S. et du renforcement économique des pays socialistes. **Reagan** réaffirme le rôle des États-Unis. L'U.R.S.S. souhaite le maintien d'un statu quo et fait preuve sous **Brejnev** d'un certain immobilisme. En **1985, Gorbatchev** arrive au pouvoir en U.R.S.S. ; il reprend l'initiative sur tous les dossiers et fait preuve d'un dynamisme qui surprend les Occidentaux.
Des forces nouvelles mettent en cause la bipolarisation du monde. Le rôle de l'O.N.U., où le Tiers monde pèse davantage, s'accroît. Des puissances nouvelles s'affirment : le Japon qui devient la troisième puissance économique mondiale ; la Chine qui, après la mort de Mao, en 1976, s'engage dans un effort de modernisation économique ; le Moyen-Orient où les pays producteurs de pétrole jouent un rôle plus grand dans l'économie mondiale.

2 Les difficultés des rapports Est-Ouest

La fin des années 70 voit une **« nouvelle guerre froide »**. Les rapports entre les deux Grands se dégradent. À la suite de l'intervention de l'U.R.S.S. en Afghanistan (1979), les États-Unis décident un embargo sur les céréales à destination de l'U.R.S.S. et boycottent les jeux de Moscou. Les négociations sur le désarmement piétinent. **Reagan relance la course aux armements** (I.D.S.) L'affrontement idéologique entre l'Est et l'Ouest s'accentue autour du thème des droits de l'homme. Depuis 1985, **des changements sensibles se manifestent**. Le dialogue reprend avec la rencontre Reagan-Gorbatchev à Reykjavik (octobre 1986) et conduit à la signature du **traité F.N.I.** (décembre 1987). Pour la première fois, des armes nucléaires sont éliminées. Une dynamique nouvelle se met en place : règlements négociés de conflits régionaux (Angola, Afghanistan, guerre Iran-Irak). La chute du mur de Berlin (1989), la réunification de l'Allemagne (1990), l'éclatement de l'U.R.S.S. (1991) marquent la **fin de la guerre froide**.

3 Des problèmes et des conflits diversifiés

Une **lutte pour la démocratie** se manifeste en Europe. À **l'Ouest** des dictatures fascistes disparaissent : « révolution des œillets » au Portugal et chute des « colonels » en Grèce (1974), mort de Franco en Espagne. À **l'Est**, les démocraties populaires connaissent une crise profonde et une évolution spectaculaire : libérali sation des régimes ; pluralisme politique ; économie de marché ; crise polonaise chute du mur de Berlin ; révolution roumaine.
Des **conflits anciens** se poursuivent dans la péninsule indochinoise et au Moyen-Orient où le problème palestinien débouche sur une agitation dans les territoires occupés par Israël (révolte des pierres).
De **nouvelles zones de tension** apparaissent. En **Afrique,** des conflits sont liés aux séquelles de la décolonisation (Tchad, Angola, Afrique du Sud). Dans l'**océan Indien,** la guerre Iran-Irak marque une poussée de l'intégrisme islamique. En **Amérique latine,** des régimes autoritaires tombent (Argentine, Brésil, Chili) e l'Amérique centrale est un lieu de tension préoccupant (Nicaragua, Salvador Panama).

Mikhail Gorbatchev

Présentant une image positive, Gorbatchev a introduit un dynamisme nouveau dans les relations internationales.

Israël de 1967 à 1988

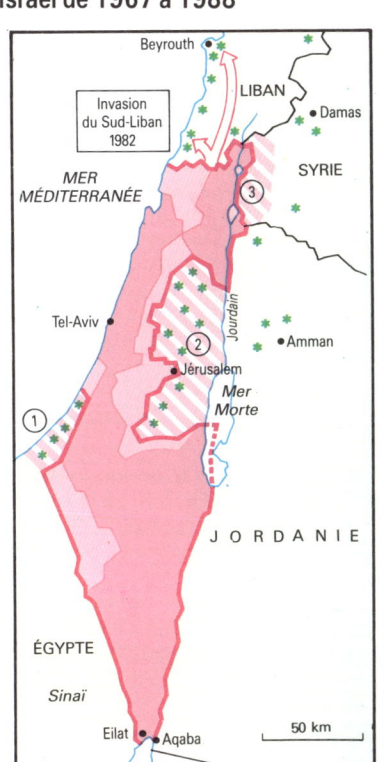

La politique d'expansion d'Israël et la persistance du problème palestinien contribuent à faire du Moyen-Orient un lieu de tension permanent et préoccupant dans le monde.

- Israël en 1947
- Israël de 1949 à 1967
- camps palestiniens
- territoires occupés depuis 1967 :
- ① bande de Gaza
- ② Cisjordanie
- ③ Golan annexé en 1981

De la détente à une nouvelle période de tension

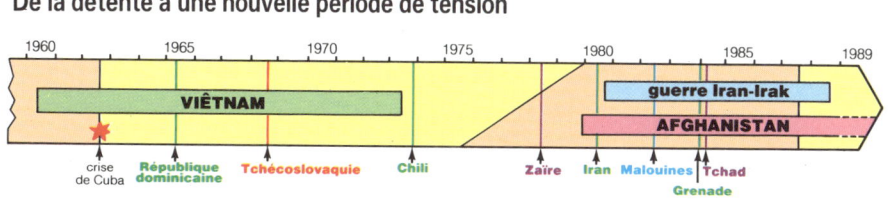

interventions : américaines | soviétiques | britanniques | françaises | tension | détente

Les relations Est-Ouest restent marquées par une alternance de tensions et de détente et la persistance d'interventions des grandes puissances.

L'espace français

1 Une situation privilégiée

Couvrant 551 000 km², la France occupe une **place privilégiée en Europe**. Située à l'extrémité du continent, sur l'isthme qui relie l'Atlantique au monde méditerranéen, elle dispose de plusieurs façades maritimes (Atlantique, Manche, mer du Nord, Méditerranée) et constitue un **carrefour important**.
Peuplée dès les temps préhistoriques, elle constitue une des **nations** les plus anciennes d'Europe. Son territoire actuel résulte d'un **long processus de construction historique.** Dès le Moyen Âge, la monarchie s'est attachée à unifier et agrandir le pays. Ses frontières sont à la fois politiques et historiques (Nord et Nord-Est) et naturelles (Sud, Est et Ouest).
L'existence d'une **France d'outre-mer** provient de l'héritage colonial.

2 Un relief varié

Tous les types de relief se rencontrent en France : des **massifs anciens,** formés à l'ère primaire et largement érodés (Massif central, Massif armoricain, Ardennes, Vosges), de **vastes bassins sédimentaires** d'âge secondaire qui occupent près de la moitié du territoire (Bassin parisien, Bassin aquitain), des **chaînes de montagne récentes** (tertiaire) aux formes plus vigoureuses (Alpes, Pyrénées). Il en résulte une grande variété des paysages.
Pays largement ouvert sur la mer, la France possède **3 100 km de côtes.** La diversité du relief explique la diversité des littoraux : côtes rocheuses, falaises, côtes basses d'accès facile.
Cinq fleuves importants (Seine, Loire, Garonne, Rhin et Rhône) présentent des régimes variés.

3 Des climats divers et tempérés

Située dans la zone tempérée, la France bénéficie de **climats modérés** aussi bien en ce qui concerne les températures (amplitude thermique moyenne, pas de froid rigoureux) que les précipitations (pas de sécheresse prolongée). Ces climats présentent également une grande diversité.
Le **climat océanique,** avec des pluies fines et nombreuses et aux hivers modérés domine la France de l'Ouest. La France de l'Est connaît un **climat semi-continental** aux hivers plus rigoureux. Le **climat méditerranéen,** au domaine plus limité, est caractérisé par des températures plus élevées et une sécheresse estivale. Le climat de montagne est plus rude en raison de l'altitude.
Cette diversité climatique entraîne une **diversité des formes de végétation** (prairies, landes, forêts, maquis, garrigue) et offre de nombreuses possibilités dans le domaine agricole.

> ▶ **Isthme :** bande de terre reliant deux masses continentales.
> **Régime :** concernant un fleuve, variation du débit, au cours d'une année dans un lieu donné.
> **Nation :** ensemble des populations parlant une même langue, unies par une même culture et un passé commun.

L'isthme français est un carrefour

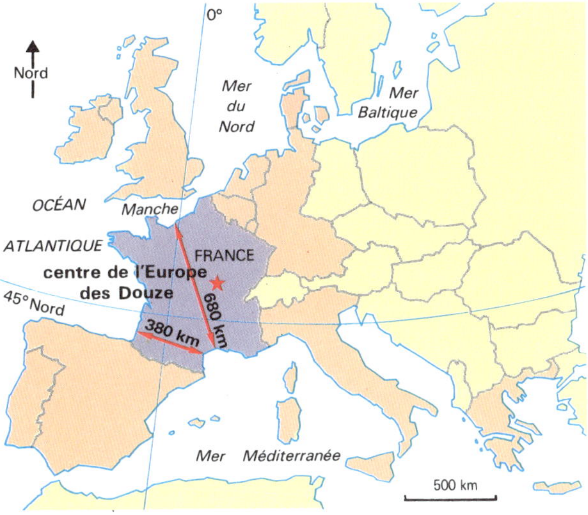

La position charnière de la France constitue un atout dans la construction de l'Europe.

Le relief de la France

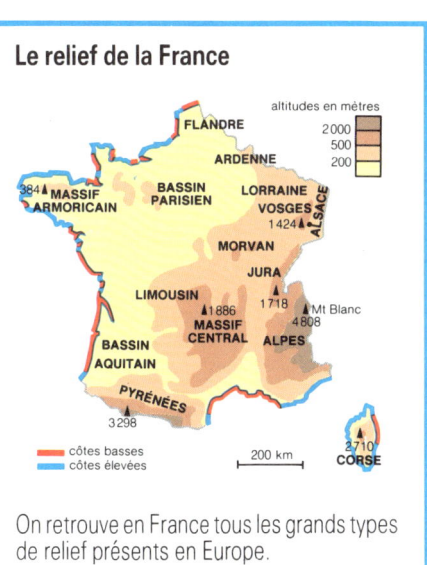

On retrouve en France tous les grands types de relief présents en Europe.

Les climats de la France

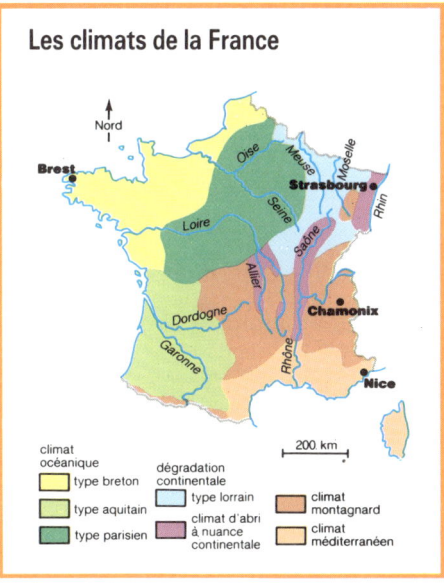

histoire-géographie

97

La population de la France

1 L'évolution de la population française

La France compte **56,7 millions d'habitants**. Après 1945, elle a connu une forte croissance démographique (baby-boom). Depuis 20 ans, cependant, **cette croissance est ralentie :** alors que le taux de mortalité est faible (10 ‰), le taux de natalité a fléchi (14 ‰). L'accroissement naturel est réduit (0,4 ‰ par an). **L'espérance de vie augmente.** Il en résulte un vieillissement de la population qui pose des problèmes économiques et sociaux : nombre réduit de jeunes actifs, financement des retraites, problèmes du « Troisième âge ». **Le renouvellement des générations n'est plus assuré.**

Pays d'accueil traditionnel, la France compte environ, sur son territoire, 4 à 5 millions d'étrangers d'origines diverses : Espagne, Portugal, pays du Maghreb, pays d'Afrique noire. Cela renforce le dynamisme démographique et a largement contribué à l'essor économique de la France. La crise économique fait naître des problèmes d'intégration dans la société.

2 Une répartition géographique inégale

La densité de population moyenne (102 hab./km^2) est **relativement faible.** Ce chiffre cache de **profondes disparités régionales.** Les deux tiers du territoire ne regroupent que 10 % de la population, alors que 40 % se concentrent sur 1 % de l'espace français. L'**exode rural** contribue à vider de larges parties du territoire, alors que la population se presse le long des grands axes fluviaux, dans les principales régions industrielles, sur certains littoraux. Cette inégalité spatiale correspond à une **forte urbanisation de la population** (73 %) et reflète la supériorité de Paris.

Cette population est assez mobile. Trois millions de Français se déplacent chaque année. Après avoir été longtemps orientées vers Paris et les régions industrielles du Nord et de l'Est, ces **migrations intérieures** se tournent aujourd'hui vers l'Ouest et le Midi et vers les villes moyennes (rurbanisation). Elles contribuent à modifier de façon importante le peuplement de la France.

3 Les mutations des activités

La population active représente **43 %** de la population totale de la France.

Le **secteur primaire,** touché par la modernisation de l'agriculture et l'exode rural ne représente plus que 7 % des actifs. Le **secteur secondaire,** croissant jusqu'en 1974, est marqué par la crise économique et les mutations du travail industriel : il ne regroupe que 28 % du total. Au contraire, le **secteur tertiaire** connaît un fort développement et rassemble 65 % des actifs. Les femmes occupent une place de plus en plus importante dans la population active. Le **chômage** connaît, depuis 15 ans, une croissance considérable et touche près de 10 % des actifs (2,5 millions). Il a des **causes multiples :** poids de la crise économique, qualification faible et inadaptée de nombreux jeunes, mutations dans l'organisation du travail. Il touche surtout les jeunes, les femmes et les travailleurs étrangers. Son ampleur varie selon les régions.

L'évolution de la population française au XXe siècle.

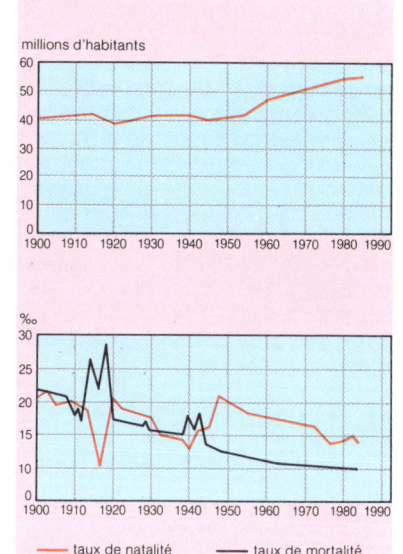

La population française connaît une croissance très modérée qui s'explique par le lent déclin de la natalité.

Densité de population en 1982

Seule une part très réduite du territoire connaît une densité de population supérieure à la moyenne nationale.

La montée de l'emploi féminin

Résultat de mutations sociales (émancipation féminine) mais aussi du poids de la crise économique (nécessité d'un deuxième salaire), la place des femmes dans la population active est en croissance régulière.

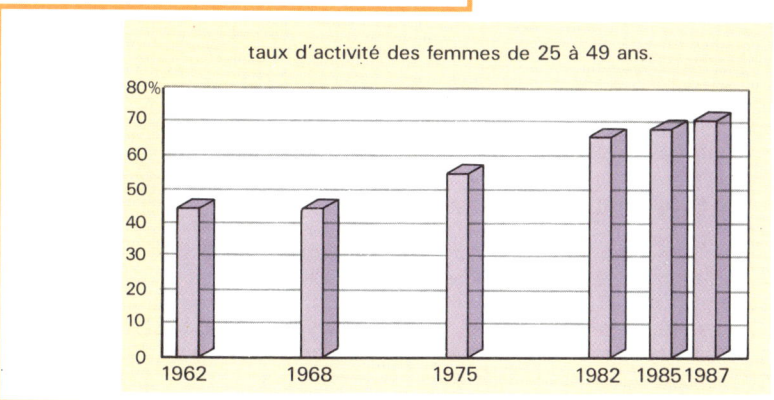

Les activités économiques

1 Les mutations de l'agriculture française

Depuis 1945, l'agriculture française a connu de profonds bouleversements. **Mécanisation** et **progrès techniques** ont permis une forte augmentation de la production et de la productivité. Il y a eu de **profondes mutations des structures**. Les petites exploitations manquant de moyens ont été éliminées. Le fermage l'emporte sur le faire-valoir direct. Des formes d'agriculture coopérative se sont développées (G.A.E.C.). L'**exode rural** a pris de l'ampleur et le nombre des agriculteurs a considérablement diminué.
Un effort d'aménagement de l'espace agricole a été entrepris : **remembrement** pour disposer de parcelles importantes ; travaux d'aménagement hydraulique (drainage ou irrigation).
Ces diverses transformations ont amélioré les résultats de l'agriculture française et ont contribué à **en faire la première d'Europe.** Cependant, un problème de vieillissement de la population agricole se pose avec acuité.

2 La diversité de l'industrie française

L'industrie française (5e rang mondial) dispose de **ressources limitées.** 15 % des besoins en minerais (fer, bauxite, uranium) sont couverts. Les sources d'énergie sont insuffisantes. Le charbon est en déclin, les hydrocarbures sont largement importés. L'uranium, plus abondant, ne couvre que 40 % des besoins. Aussi le **bilan énergétique français est déficitaire.**
L'industrie française connaît des difficultés. **Des secteurs traditionnels sont en crise :** industries lourdes (sidérurgie ; constructions navales) et industries textiles. **D'autres secteurs résistent mieux à la crise :** industries de biens d'équipement (automobile) et industries de pointe (aéronautique, espace, nucléaire, biotechnologies). Cela entraîne des **mutations dans la répartition géographique** des activités. Le Nord et l'Est ont de fortes activités industrielles mais ont des problèmes de reconversion. Le Sud et l'Ouest sont plus dynamiques. L'État intervient pour essayer de remédier à ces déséquilibres régionaux.

3 L'essor du tertiaire

Le secteur tertiaire recouvre des **activités très nombreuses :** services publics (administrations, services sociaux, santé, enseignement), services privés touchant des domaines très divers : transports, commerce, organisation de la vie économique (banques, gestion, publicité, etc.), communication (presse, audio-visuel). Un **tertiaire supérieur** (recherche, fonctions de direction) emploie du personnel très qualifié.
Certaines activités sont très dynamiques. Le **commerce** constitue un intermédiaire indispensable entre producteurs et consommateurs et connaît une croissance importante. Le grand commerce (hypermarchés) se développe mais le petit commerce, malgré un déclin, réagit et connaît une nouvelle extension. Disposant de nombreux atouts naturels et culturels, **la France se place parmi les grands pays touristiques.** Aussi le sport, les loisirs et le tourisme entraînent la création de nombreux emplois (1,6 million) et deviennent un enjeu économique.

L'essor des rendements

Rendements moyens en blé	1938 = 16 quintaux à l'ha 1987 = 65 quintaux à l'ha
Production moyenne de lait de vache	1938 = 2 400 l par an 1987 = 4 700 l par an

Les progrès techniques et les mutations structurelles ont conduit à une amélioration considérable des résultats de l'agriculture française.

L'évolution de l'espace industriel

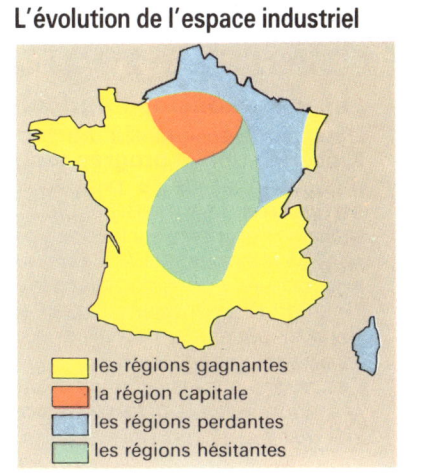

- les régions gagnantes
- la région capitale
- les régions perdantes
- les régions hésitantes

Les mutations industrielles se traduisent par un dynamisme très différent selon les régions.

Sophia Antipolis constitue un technopôle, c'est-à-dire un lieu de concentration du tertiaire supérieur qui regroupe des centres de recherche et des entreprises très performantes.

Aménagement du territoire et diversité régionale

1 L'aménagement du territoire

Après 1945, une politique d'aménagement du territoire est mise en œuvre. Il s'agit de **remédier aux déséquilibres régionaux** existant entre Paris et la Province et de part et d'autre d'une ligne Le Havre-Marseille.

La France est divisée en 21 circonscriptions puis **22 régions**. La Délégation à l'aménagement du territoire et à l'action régionale (D.A.T.A.R.) est créée. En 1982, la loi de décentralisation renforce les pouvoirs des régions et prévoit la création de **contrats de plan** entre l'État et les régions.

Cette politique se fixe **plusieurs objectifs** : limiter la croissance de la région parisienne et promouvoir le développement des villes moyennes, mettre en œuvre une politique de décentralisation industrielle, mieux aménager l'espace en prévoyant de grands équipements collectifs. Avec le développement de la crise, les choix politiques se sont portés sur les régions en crise et visent à la création de **pôles de développement** (technopôles).

2 La France du Nord et de l'Est

Paris domine l'espace français. Depuis le XIXe siècle, la croissance démographique est forte. La multiplicité des fonctions (politique, économique, culturelle) en fait un **pôle d'attraction** qui regroupe près du cinquième de la population française et influence directement une large partie du Bassin parisien. Depuis 1975, le déclin des activités industrielles entraîne un **ralentissement de la croissance** et un début de rééquilibrage avec le reste de la France.

Le **Nord et l'Est,** très tôt industrialisés, sont aujourd'hui confrontés à de **grosses difficultés.** Les activités traditionnelles (charbon, sidérurgie, textile), insuffisamment modernisées et confrontées à la concurrence extérieure sont en crise. Il en résulte une **désindustrialisation** qui touche en profondeur le tissu économique et social : friches industrielles, chômage, stagnation de la population. De difficiles problèmes de **reconversion économique** se posent.

3 La France du Sud et de l'Ouest

Située au cœur de l'Europe des douze, **Lyon** bénéficie d'un bon réseau de communication (T.G.V.) et se trouve à la tête d'un **espace industriel dynamique** (Grenoble, Saint-Étienne). Elle fait un **effort d'équipement** important, développant ses fonctions tertiaires (place financière, recherche).

Le **Sud-Est,** en pleine mutation, présente un **bilan contrasté.** Certains secteurs industriels sont en difficulté (construction navale, Fos-sur-Mer) mais d'autres domaines sont dynamiques : **l'agriculture se modernise** malgré la concurrence espagnole, le tourisme crée de nombreux emplois, de nouveaux centres (Nice, Aix, Montpellier) portent l'effort sur les **industries de pointe.**

L'**Ouest et le Sud-Ouest** sont des **régions rurales en mutation.** L'agriculture grâce au remembrement et à des progrès techniques (élevage hors-sol) devient plus intensive. La décentralisation favorise l'**industrialisation** et permet le développement des villes moyennes. La vocation touristique s'affirme.

Les quinze pôles de conversion

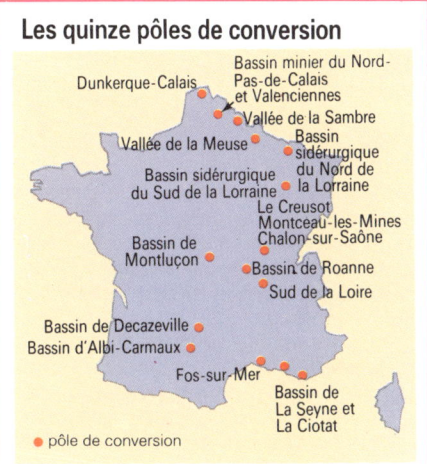

Depuis 1984, les régions frappées par la désindustrialisation disposent d'aides de l'État pour réaliser leur reconversion industrielle. Elles constituent des pôles de conversion.

L'élevage hors-sol des porcs et des volailles en Bretagne

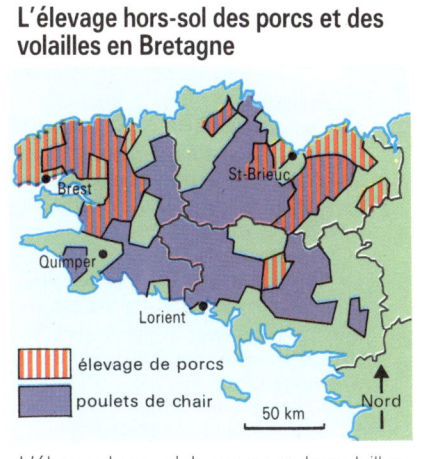

L'élevage hors-sol des porcs et des volailles ne nécessite pas l'exploitation d'une terre agricole. Des firmes agro-alimentaires fournissent les aliments nécessaires à la nourriture des animaux.

L'évolution de l'emploi industriel

L'évolution de l'emploi industriel témoigne de la crise particulièrement grave qui frappe les régions du Nord et de l'Est de la France.

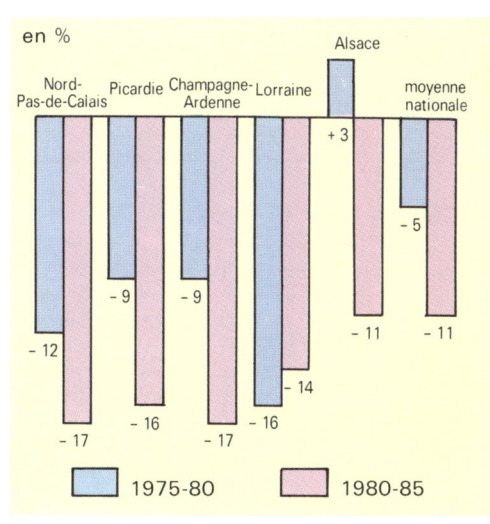

histoire-géographie

La France dans le monde

1. La France d'Outre-Mer

Elle regroupe 4 Départements d'Outre-Mer, 3 Territoires d'Outre-Mer et 2 Collectivités territoriales dotés d'administrations particulières. Il s'agit d'îles dispersées sur les deux hémisphères qui assurent à la France une **présence mondiale et un rôle stratégique. Densément peuplées,** ces îles ont une population mélangée au comportement démographique proche de celui du Tiers monde. Bien que supérieur à celui des pays voisins, le niveau de vie est inférieur à celui de la métropole. Cela est lié au caractère **dépendant** et **déséquilibré** de leur économie : l'agriculture est encore dominante, l'industrialisation insuffisante et le poids du secteur tertiaire est plus important qu'en métropole. Il en résulte des **problèmes économiques et sociaux** (chômage) qui nécessitent une **aide publique** importante et entretiennent un fort **courant migratoire** vers la métropole.

2. La France dans l'Europe

La C.E.E. regroupe douze pays et 325 millions d'habitants.
Avec la 1re agriculture et la 2e industrie de la C.E.E., la France y occupe le **2e rang** derrière la R.F.A.
Son économie est étroitement liée à celle de l'Europe. La politique agricole commune (P.A.C.) conditionne la vie agricole française. Ouvrant un marché important, garantissant les revenus des agriculteurs, favorisant la modernisation, elle a aussi, par une certaine concurrence, accentué les disparités à l'intérieur du monde agricole.
Dans le **domaine industriel,** la C.E.E. a permis le développement de **certaines coopérations** (Airbus, Ariane, nucléaire). Mais, favorisant l'axe Rhin-Rhône, elle **accentue les déséquilibres régionaux français.** Dans les domaines commercial et financier les liens se renforcent (50 % d'échanges commerciaux avec la C.E.E.) mais l'unification monétaire progresse difficilement et l'application de l'**Acte unique** en 1993 constitue une étape décisive.

3. La France dans le monde

Cinquième puissance économique mondiale, la France dispose d'**une influence dépassant le cadre national.** Sa situation géographique, la place des DOM-TOM constituent des atouts. Malgré quelques déficiences au niveau de la « recherche-développement », elle maîtrise certaines technologies de pointe et se trouve à l'avant-garde dans plusieurs domaines (aéronautique, espace, biotechnologies). **Troisième puissance militaire mondiale,** elle occupe une place importante dans les relations internationales. La **francophonie** lui permet de jouer un rôle non négligeable. Regroupant quarante États et 200 millions de personnes, elle donne au français, qui n'a jamais autant été parlé qu'aujourd'hui, une géographie planétaire. Cependant des **problèmes subsistent.** La France demeure une **puissance moyenne.** Sa balance commerciale est déficitaire. Les investissements à l'étranger demeurent réduits. La francophonie manque de moyens pour faire face à l'hégémonie de l'anglo-américain.

L'espace français

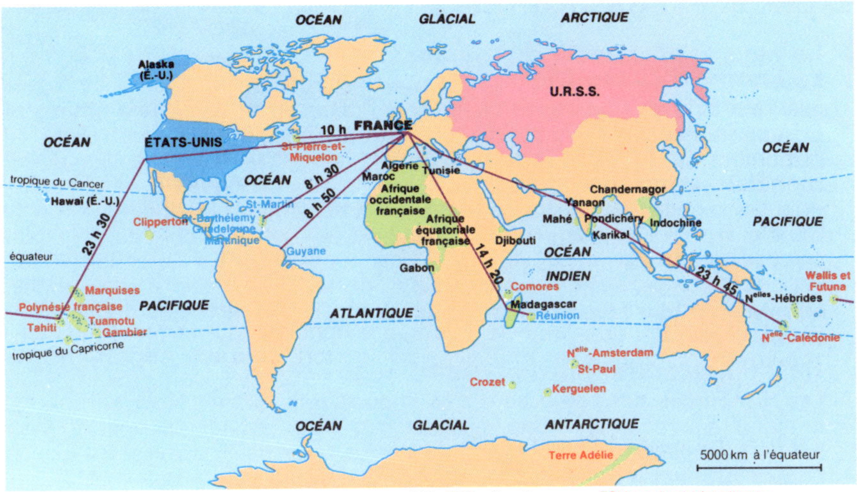

empire colonial français en 1914
en 1989 : métropole
DOM
TOM et collectivité territoriale
temps de transport par avion

L'Acte unique européen

Entrant en vigueur en 1993, l'Acte unique vise à renforcer l'unité de l'Europe.

La réalisation d'ici 1992 d'un grand marché intérieur

Les dispositions de l'Acte unique s'articulent autour de la volonté de doter l'Europe des Douze d'un grand marché intérieur d'ici 1992, seul susceptible de lui permettre de rivaliser avec ses deux principaux concurrents, les États-Unis et le Japon (...).
L'objectif de créer un marché unifié dépasse le seul effet de dimension qu'il procure aux entreprises, il vise également à développer le sentiment des Européens d'appartenir à un même ensemble à l'intérieur duquel ils pourront circuler sans formalités, étudier et travailler là où ils le souhaitent (...).

Les pays bénéficiaires de l'aide française en Afrique

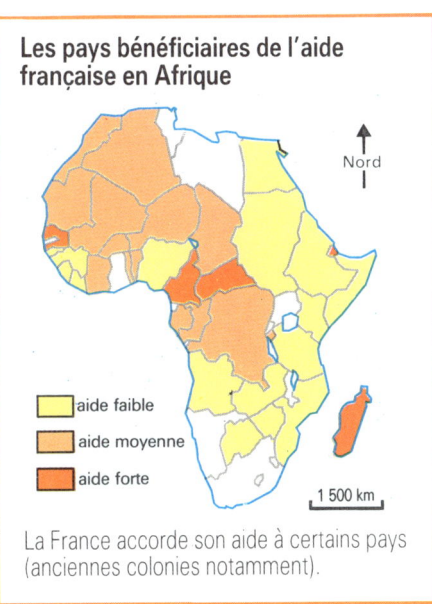

aide faible
aide moyenne
aide forte

La France accorde son aide à certains pays (anciennes colonies notamment).

histoire-géographie

L'EX-U.R.S.S. (ou C.E.I.) :
l'espace et les hommes

1 Le pays le plus vaste du monde

Avec 22,5 millions de km², l'ex-U.R.S.S. regroupe 1/4 des terres émergées. **Le relief est simple** et se subdivise en deux grands ensembles : **une grande plaine** monotone interrompue par une montgne ancienne l'Oural, des **reliefs élevés** l'entourant au sud et à l'est (Caucase, Pamir, Altaï, Extrême-Orient), ce qui contribue à renforcer l'isolement du pays. La latitude élevée et la disposition du relief expliquent la **prédominance d'un climat continental rigoureux** aux hivers longs et froids, aux étés courts et chauds et aux saisons intermédiaires réduites. Des climats plus favorables existent sur les marges du pays (Baltique, mer Noire). L'Ukraine est extrêmement fertile mais, en raison du froid et de l'aridité, **les milieux sont peu favorables au développement des activités humaines.**

2 Ressources naturelles et maîtrise de l'espace

Les ressources naturelles sont très importantes. Les minerais sont abondants et nombreux (la moitié des réserves mondiales en fer, la quasi-totalité des minerais existants). Le **charbon** (le quart des réserves mondiales) est exploité en Europe (Donbass) et en Sibérie (Kouzbass, Sibérie orientale). L'ex-U.R.S.S. est un des premiers producteurs d'**hydrocarbures** du monde (8 % des réserves mondiales de pétrole ; 41 % de celles de gaz naturel).

La plupart de ces ressources sont situées en **Sibérie** d'où un coût d'exploitation élevé et un déséquilibre entre zones de production et de consommation. La **question des transports** est donc primordiale.

Ceux-ci se heurtent à des **difficultés naturelles** : immensité du pays et éloignement des ressources, climat défavorable. Le **rail** assure l'essentiel des échanges, les autres moyens de transport étant moins développés. Les différents réseaux sont inégalement répartis dans l'espace. Les réseaux les plus denses sont en Russie d'Europe. L'**organisation des transports** est insuffisante si bien que l'espace soviétique n'est pas encore totalement maîtrisé.

3 La population soviétique

L'ex-U.R.S.S. compte 292 millions d'habitants de **126 nationalités** différentes. Les Slaves dominent et depuis son éclatement en 1991, les républiques fédérées sont devenues des États indépendants (C.E.I.).

La croissance démographique est importante (0,8 %) en raison d'un taux de natalité élevé (19 ‰) mais le rythme d'accroissement varie selon les nationalités et la part des Russes tend à se réduire.

Les facteurs historiques expliquent le caractère heurté de la structure par âge de la population, le taux élevé de l'activité féminine et la répartition par secteurs des actifs (primaire : 20 %, secondaire : 39 %, tertiaire : 41 %).

La répartition spatiale est très inégale, en raison des contraintes naturelles. Les trois-quarts du pays sont vides et la Russie d'Europe rassemble 70 % du total. Cette population est très mobile. L'exode rural accentue l'**urbanisation de la société** (66 % de la population). Des efforts sont faits pour peupler la Sibérie. Mais il est difficile d'établir une meilleure répartition de la population.

Durée de la période végétative

Les contraintes climatiques sont importantes en U.R.S.S. La période végétative, pendant laquelle les plantes peuvent se développer, est courte et pèse sur les résultats de l'agriculture.

Principales nationalités en U.R.S.S.

Nationalités			Population en millions	en %
Autres	Kazhaks Tatars Azirs Arméniens Géorgiens Moldaves Tadjiks Lituaniens Turkmènes	Allemands Kirghizes Tchouraches Juifs Lettons Bachkirs Moldaves Polonais Estoniens	86	30
Biélorusses			10	3
Ouzbeks			13	5
Ukrainiens			42	14
Russes			138	48

Les nationalités sont très diverses et nombreuses mais l'élément slave (Russes, Ukrainiens, Biélorusses) est largement dominant.

La richesse minérale de l'U.R.S.S.

Part de l'U.R.S.S. dans la production mondiale en %

- manganèse **35 %**
- chrome **25 %**
- nickel **23 %**
- or **19 %**
- plomb **17 %**
- zinc **14 %**
- cuivre **12 %**
- bauxite **7 %**

La « prime naturelle » dont bénéficie l'U.R.S.S. est considérable.

histoire-géographie

L'EX-U.R.S.S. (ou C.E.I.) :
la puissance économique

1 Une économie longtemps de type socialiste
Depuis 1917, l'U.R.S.S. avait choisi une **voie de développement socialiste**. Cela s'est traduit par la mise en place d'une **propriété collective** des moyens de production et une **planification centralisée** de l'économie. La priorité a été accordée pendant longtemps à l'industrie notamment l'industrie lourde.
Cette politique a permis d'assurer le décollage industriel du pays et a contribué à en faire la **deuxième puissance économique mondiale.** Cette croissance extensive est marquée depuis quelques années par des **difficultés** : ralentissement de la croissance, gaspillage des investissements, productivité insuffisante, déséquilibre entre les branches industrielles. Aussi **depuis 1985, des réformes économiques** sont lancées qui visent à donner plus d'autonomie aux entreprises, réintroduire des mécanismes du marché. Elles débouchent sur une crise grave, qui a provoqué l'éclatement du pays en 1991 et une évolution difficile vers l'économie de marché.

2 Agriculture et industrie
La production industrielle est **massive,** mais présente des **déséquilibres sectoriels.** La sidérurgie est la première du monde mais doit être modernisée. Les industries de biens d'équipement (outillage industriel, constructions mécaniques et électriques) sont des réussites. En revanche, malgré des progrès, **les biens de consommation sont insuffisants** et l'agro-alimentaire ne satisfait pas les besoins d'une population de plus en plus urbanisée.
Certaines industries de pointe (espace, défense) sont très performantes. Un **déséquilibre spatial** existe également. Malgré la mise en valeur de la Sibérie, la partie européenne du pays concentre l'essentiel des industries. Les terres cultivables ne répésentent que 11 % de l'espace total. Une **agriculture collectivisée** (kolkhozes et sovkhozes) s'estmise en place. Certaines terres sont très riches (tchernoziom) mais beaucoup restent médiocres. **La production est massive** (deuxième rang mondial pour le blé, premier pour le coton, développement de l'élevage) mais elle est **irrégulière** en raison des contraintes naturelles et de problèmes d'organisation. Les besoins du pays ne sont pas toujours couverts. La priorité est désormais accordée à l'agriculture et des **réformes** visent à donner plus d'autonomie aux paysans (loi sur le fermage).

3 La place de la C.E.I. dans le monde
Pendant longtemps l'U.R.S.S. est restée repliée sur elle-même. Elle **s'ouvre de plus en plus sur l'extérieur.** D'abord vers les pays de l'Europe de l'Est (rôle du C.A.E.M.), puis en direction des pays occidentaux dont elle recherche la technologie. Aujourd'hui, l'ex-U.R.S.S. réalise **4,5 %** des exportations mondiales.
L'U.R.S.S. **vend** surtout des **produits bruts** — énergétiques et miniers — puis des produits industriels. Elle **achète** surtout des **biens d'équipement** et des **produits agricoles**. Après avoir fléchi à la fin des années 70, les échanges avec l'Occident reprennent depuis 1985. Les relations de la C.E.I. avec le Tiers monde restent modestes sur le plan commercial, mais un effort d'aide financière et culturelle se développe.

La restructuration des entreprises

L'arrivée de Gorbatchev au pouvoir marque le début d'un important processus de réforme : la « pérestroïka ».

On doit placer les entreprises dans des conditions qui encouragent la compétition économique, pour la plus grande satisfaction des exigences légitimes du consommateur, et les revenus des employés doivent strictement dépendre des résultats de la production et des profits. (...)

Et aujourd'hui, alors que nous sommes en plein effort de restructuration, certaines personnes craignent les mesures prises pour développer les coopératives et encourager la production individuelle, l'établissement de contrats, l'autofinancement ; elles s'inquiètent à l'idée que nous affaiblirions les fameux « fondements » et risquerions d'engendrer des petits propriétaires. Elles estiment que les diverses formes de contrats pourraient mettre en danger les formes collectives. Mais que dire des boutiques dans lesquelles manquent tant de choses ? C'est à ce propos qu'il faut tirer la sonnette d'alarme et non crier, pris de panique : « Au secours, le socialisme est en danger ! »

Mikhail GORBATCHEV, *Pérestroïka*, Flammarion, 1987.

La dépendance alimentaire soviétique

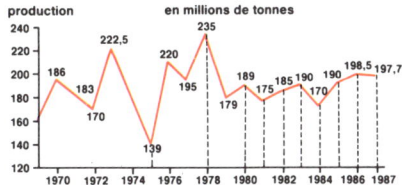

L'irrégularité des récoltes fait de l'U.R.S.S. le principal importateur de blé au monde.

Source : l'Union Soviétique, D. BRAUD, Sirey 1987

L'ouverture à l'Ouest

Le processus de réforme engagé en U.R.S.S. a aussi des conséquences au niveau commercial ; il se traduit par la volonté de s'insérer davantage dans l'économie mondiale.

L'U.R.S.S. veut s'insérer dans l'économie mondiale comme un partenaire à part entière. Elle a multiplié les démarches pour entrer au Fonds monétaire international et à la Banque mondiale. M. Gorbatchev a innové en autorisant les capitalistes occidentaux à investir en Union soviétique. Depuis le début de 1987, les entreprises occidentales peuvent créer avec des entreprises soviétiques des sociétés mixtes. Les textes imposent de nombreuses restrictions : le partenaire occidental ne peut détenir la majorité du capital ni librement rapatrier ses bénéfices. Le président de la firme commune doit être un citoyen soviétique...

La formule n'a, de fait, connu jusqu'à présent qu'un succès mitigé. On affirme à Moscou que deux cent cinquante projets de mariage seraient en cours de négociation. Une vingtaine de contrats ont vu le jour pour l'instant, généralement des opérations d'ampleur modeste.

Éric IZRAELEVICZ, *Bilan économique du monde*, 1987.

Les États-Unis : l'espace et les hommes

1 L'espace américain

Les États-Unis constituent le **troisième État du monde.** Ils comprennent le centre de l'Amérique du Nord mais aussi l'Alaska et les îles Hawaï. Le relief de la partie continentale s'organise selon une **direction méridienne :** deux zones montagneuses entourent une plaine centrale. À l'est, les **Appalaches** sont des montagnes anciennes s'allongeant sur 2 000 km et dominant une plaine littorale importante. À l'ouest, les **rocheuses** constituent une barrière montagneuse récente et élevée qui descend brutalement sur le Pacifique. Au centre, les **grandes plaines** monotones et peu élevées sont drainées par le Mississippi. Les grands lacs constituent une véritable mer intérieure.
Cette disposition du relief influe sur les **climats** qui, bien que divers et contrastés, sont assez favorables aux activités humaines.
Le **potentiel naturel** est important : sols fertiles, eau abondante, sous-sol riche et aisément exploitable (minerais, charbon, hydrocarbures).

2 La population américaine

Avec 253 millions d'habitants, les États-Unis occupent le quatrième rang mondial. Marquée par l'immigration cette population présente une **diversité ethnique.** Les Blancs, aux origines diverses, représentent 85 % du total. De **fortes minorités** (Indiens, Latinos, Noirs) connaissent des conditions de vie plus difficiles (inégalités sociales, ségrégation raciale).
On retrouve les **caractères d'une population de pays développé :** ralentissement du rythme de croissance, vieillissement de la population, niveau de vie élevé mais disparités sociales importantes, structure de la population active (primaire : 3 %, secondaire : 27 %, tertiaire : 70 %).
Assez mobile, cette population est très **inégalement répartie** dans l'espace. Le Nord-Est, avec la Megalopolis atlantique, demeure la région la plus peuplée, mais sa population stagne alors que le Sud et l'Ouest sont plus dynamiques. Elle est **urbanisée à 75 %.** Les villes sont très diverses et confrontées aux problèmes reflétant les disparités de la société américaine.

3 L'organisation économique

Les États-Unis apparaissent comme le **modèle du capitalisme.** 50 % de la production est assurée par des **entreprises très concentrées.** Cette concentration prend des formes diverses : verticale, horizontale, conglomérats, holdings sur le plan financier. Elle donne une **plus grande efficacité aux entreprises :** meilleure productivité, gestion plus rigoureuse, effort important pour la recherche-développement. La concentration est aussi financière. De grandes banques rassemblent des capitaux importants et financent les entreprises. La bourse de **Wall Street** est une des plus importantes du monde. L'**État joue un rôle important** dans l'économie, finançant des grands travaux, passant des commandes aux entreprises privées (matériel militaire), contrôlant le système monétaire et financier. Un **bon réseau de moyens de transports** permet une circulation intense des hommes et des marchandises et assure une bonne maîtrise de l'espace.

Les zones climatiques des États-Unis

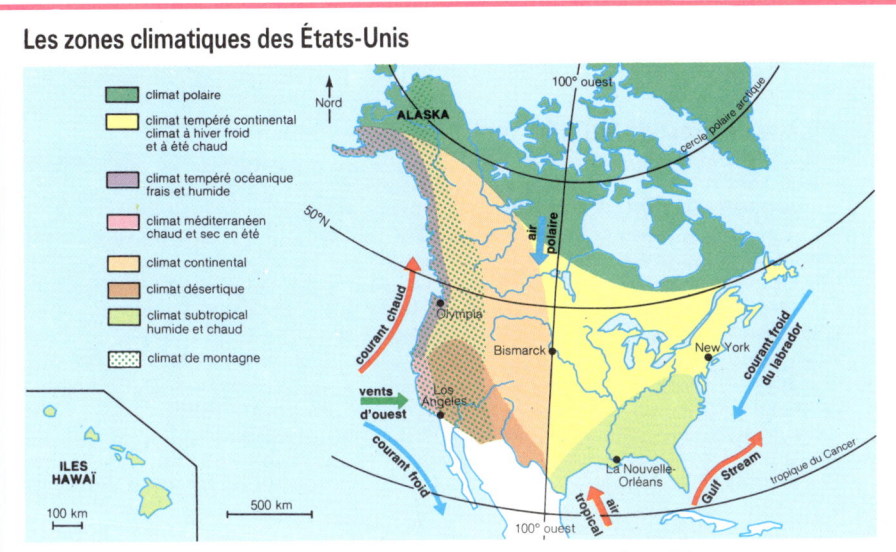

Les climats, nombreux et divers, autorisent des activités agricoles diversifiées.

L'immigration aux États-Unis

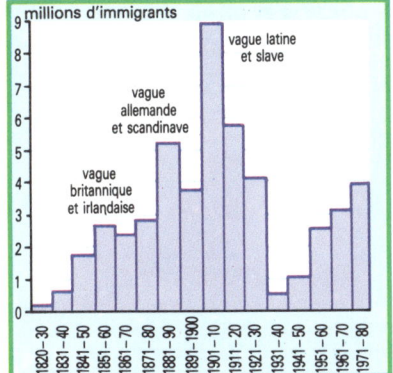

L'immigration a joué un grand rôle dans le peuplement des États-Unis et marque profondément la mentalité américaine : esprit pionnier, melting-pot, réactions isolationnistes et xénophobes.

Le financement de la recherche aux États-Unis

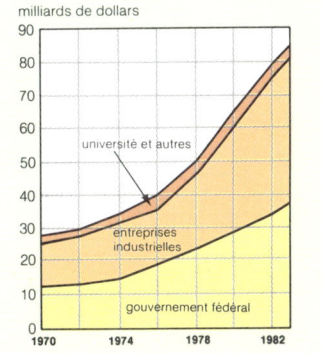

La part importante que l'État et les entreprises consacrent à la recherche est un facteur de la puissance économique américaine.

histoire-géographie

111

Les États-Unis : la puissance économique

1 La première puissance industrielle

Avec 6 % de la population mondiale les États-Unis assurent 25 % de la production industrielle mondiale.
La **consommation d'énergie est forte** (un quart de l'énergie mondiale). Dépendants de l'étranger, les États-Unis ont, après 1973, **modifié leur politique énergétique** pour mieux utiliser leurs ressources et économiser l'énergie. La production de charbon augmente ainsi que celle du pétrole d'Alaska et de Californie. Le taux de couverture de l'énergie consommée s'améliore.
L'industrie est puissante : sa productivité est élevée ; le marché intérieur est important ; elle sait s'adapter au marché mondial. **Son bilan est contrasté.** Certaines branches (sidérurgie, automobile, matériel vidéo, textile), menacées par la concurrence du Japon et des N.P.I., doivent se restructurer. D'autres (construction électrique, chimie) restent puissantes. Les industries de pointe (aéronautique, espace, électronique, informatique) jouent un rôle d'entraînement. Ces mutations industrielles s'accompagnent de **nouvelles localisations :** le Sud et l'Ouest sont plus dynamiques que le Nord-Est.

2 La première agriculture du monde

Avec 3 % d'actifs dans le secteur primaire, les États-Unis ont l'**agriculture la plus performante du monde.** Les conditions naturelles sont favorables. **Le niveau technique est élevé :** forte motorisation et mécanisation, irrigation, formation des agriculteurs, recherche agronomique efficace.
Les systèmes de culture se diversifient mais **une spécialisation régionale demeure.** Le Middle West est le cœur agricole du pays et pratique la céréaliculture ou l'association maïs-soja-élevage. Le Nord-Est, à proximité des villes, se consacre à l'élevage laitier, aux fruits et aux légumes. Le Sud est le domaine des cultures tropicales, l'Ouest celui du ranching.
L'agriculture est de plus en plus intégrée dans des **ensembles agro-industriels :** des firmes industrielles puissantes fournissent aux fermiers matériel et semences et assurent la transformation et la commercialisation des produits.
Malgré ses succès l'agriculture connaît de **graves problèmes :** endettement des agriculteurs, pertes de parts du marché mondial, surproduction.

3 Une économie dominante

La domination est commerciale. Les États-Unis effectuent 14 % des échanges mondiaux. Ils commercent avec le monde entier mais surtout avec les pays industrialisés. Ils exportent des produits finis et agricoles et importent des matières premières, des sources d'énergie et des produits industriels. Ces échanges sont marqués par un **déficit commercial très important** qui n'est pas compensé par les services. La balance des paiements est aussi déficitaire.
La domination américaine prend d'autres formes : rôle des firmes transnationales américaines, investissements à l'étranger, prépondérance monétaire (rôle du dollar), influence déterminante dans certains organismes internationaux (F.M.I. et Banque mondiale). La domination des États-Unis est aussi culturelle et politique.

Localisation de la Silicon Valley

L'exemple de la Silicon Valley est caractéristique de la supériorité et de l'efficacité de l'industrie américaine dans les secteurs de pointe.

Les emplois directs du complexe agro-industriel aux États-Unis

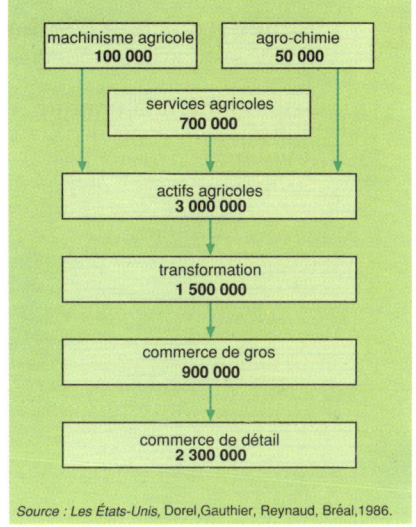

Source : *Les États-Unis,* Dorel, Gauthier, Reynaud, Bréal, 1986.

L'agriculture américaine est intégrée dans des ensembles plus vastes et devient un simple maillon dans une chaîne plus importante.

La dégradation de la balance commerciale

solde en milliards de dollars

La perte de compétitivité de l'industrie américaine et la reprise économique expliquent la croissance du déficit de la balance commerciale et conduisent à un fort endettement des États-Unis.

Les partenaires commerciaux des États-Unis

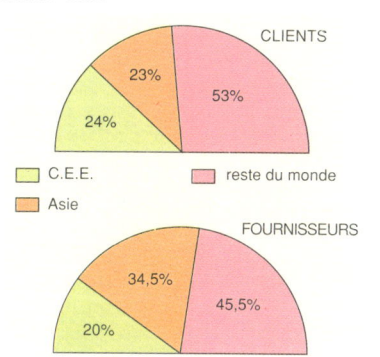

CLIENTS
- 53% reste du monde
- 23%
- 24% C.E.E.
- Asie

FOURNISSEURS
- 45,5%
- 34,5%
- 20%

histoire-géographie

113

Éducation civique

1 Les institutions de la Ve République

Adoptée en 1958, modifiée en 1962, la constitution de la Ve République instaure un **pouvoir exécutif fort et stable** au détriment du Parlement.
Le **président de la République,** élu pour 7 ans au suffrage universel, dispose de **pouvoirs importants :** nomination du Premier ministre, présidence du Conseil des ministres, droit de dissolution de l'Assemblée nationale, pouvoirs exceptionnels en cas de crise (article 16). La pratique politique (choix du personnel politique, « domaine réservé ») renforce sa prééminence.
Le **Premier ministre** constitue et dirige le gouvernement et s'occupe de la gestion quotidienne du pays. Dans la dépendance directe du président de la République, ses rapports avec lui peuvent parfois être difficiles.
Le **Parlement** comprend deux chambres : le Sénat élu au suffrage indirect et l'Assemblée nationale. Il vote les lois, le budget, contrôle l'exécutif (questions au gouvernement, motion de censure). En cas de désaccord l'**Assemblée l'emporte sur le Sénat.** Sa puissance est limitée : le gouvernement peut limiter les débats et imposer son point de vue (article 49-3).

2 Les institutions des États-Unis

Les États-Unis sont un État fédéral. Les institutions fédérales se caractérisent par une **nette séparation entre les pouvoirs** et par une prééminence de l'exécutif sur le législatif.
Le **Congrès des États-Unis** détient le pouvoir législatif. Composé de deux chambres – le Sénat et la Chambre des représentants – il vote les lois et le budget.
Le **président des États-Unis** exerce le pouvoir exécutif. Élu pour 4 ans au suffrage universel à deux degrés, il est **chef de l'État et chef du gouvernement.** Il nomme les ministres (Secrétaires) qui ne sont responsables que devant lui. Chef de l'administration et de l'armée, il dirige la politique extérieure. Il peut opposer son veto à une loi votée par le Congrès.

3 L'Organisation des Nations Unies (O.N.U.)

Créée en 1945 avec pour objectif de préserver la paix et d'organiser les relations internationales autour des principes de sécurité collective, l'O.N.U. regroupe **tous les pays indépendants du monde** (163 en 1991). Son **Assemblée générale** se réunit tous les ans et prend des décisions de caractère général. Un organisme permanent, le **Conseil de Sécurité,** où les cinq membres permanents disposent d'un droit de veto, est saisi des litiges et prend des décisions. Il peut faire intervenir la force internationale de l'O.N.U. – Les Casques bleus – ou charger le **Secrétaire général** de l'organisation de missions de conciliation.
L'O.N.U. comprend également des **organismes spécialisés :** Fonds monétaire international (F.M.I.), Banque internationale pour la reconstruction et le développement (B.I.R.D.), F.A.O. (problèmes alimentaires), U.N.I.C.E.F. (problèmes de l'enfance), O.I.T. (problèmes du travail), U.N.E.S.C.O. (problèmes culturels). L'O.N.U. a une action économique, sociale ou culturelle aux résultats non négligeables.

L'élection du président de la République au suffrage universel

Article 7 – Le président de la République est élu à la majorité absolue des suffrages exprimés. Si celle-ci n'est pas obtenue au premier tour de scrutin, il est procédé, le deuxième dimanche suivant, à un second tour. Seuls peuvent s'y présenter les deux candidats qui, le cas échéant après retrait de candidats plus favorisés, se trouvent avoir recueilli le plus grand nombre de suffrages au premier tour.

Le scrutin est ouvert sur convocation du gouvernement.

L'élection du nouveau président a lieu vingt jours au moins et trente-cinq jours au plus avant l'expiration des pouvoirs du président en exercice.

Constitution de la Ve République.
(Loi constitutionnelle du 6 novembre 1962.)

Les services exécutifs du président aux États-Unis

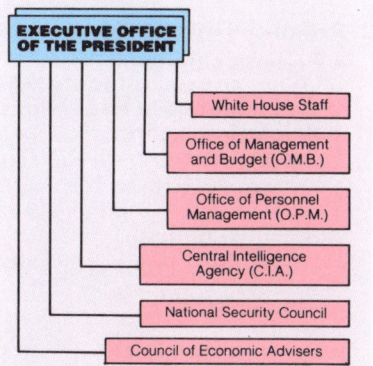

Pour remplir ses fonctions, le président des États-Unis dispose de services exécutifs importants.

Quelques organisations régionales

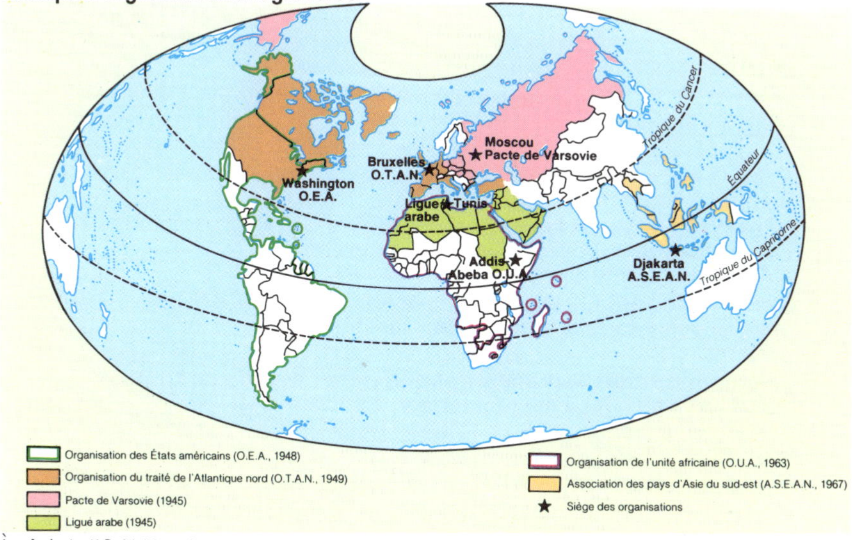

- ☐ Organisation des États américains (O.E.A., 1948)
- ■ Organisation du traité de l'Atlantique nord (O.T.A.N., 1949)
- ■ Pacte de Varsovie (1945)
- ■ Ligue arabe (1945)
- ■ Organisation de l'unité africaine (O.U.A., 1963)
- ■ Association des pays d'Asie du sud-est (A.S.E.A.N., 1967)
- ★ Siège des organisations

À côté de l'O.N.U. existent de nombreuses autres organisations internationales.

histoire-géographie

Le verbe / Les temps (I)

1. Présent simple et présent progressif

- **Présent simple**
  - Forme affirmative : I / you / we / they + BV (BV = base verbale)
    he / she / it + BV + -S ou -ES.
  - Forme négative : I / you / we / they + DON'T + BV
    he / she / it + DOESN'T + BV.
  - Forme interrogative : DO + I / you / we / they + BV + ?
    DOES + he / she / it + BV + ?

- **Présent progressif**
  - Forme affirmative : sujet + BE conjugué + BV + -ING.
  - Forme négative : sujet + BE conjugué + NOT + BV + -ING.
  - Forme interrogative : BE conjugué + sujet + BV + -ING + ?

- **Présent simple et présent progressif**
  - Le présent simple exprime une **règle générale,** une **action habituelle.**
    Children go to school ; school starts at 8 a.m. (Les enfants vont à l'école ; l'école commence à 8 heures.)
  - Le présent progressif exprime :
  a) une action qui **se produit au moment où l'on parle :**
  « **What's Sandra doing?** » (– Que fait Sandra [en ce moment])?

  b) **un futur.** Le présent progressif est alors accompagné d'un adverbe ou d'un complément de temps (**tomorrow, next Monday, next year,** etc.).

2. Le futur

On peut exprimer le futur de trois façons :
- **L'auxiliaire WILL (= 'LL)**
  - Forme affirmative : sujet + WILL / 'LL + BV
    They'll buy a car next year. (Ils achèteront une voiture l'an prochain.)
  - Forme négative : sujet + WON'T + BV
    She won't go to the bank tomorrow. (Elle n'ira pas à la banque demain.)
  - Forme interrogative : WILL + sujet + BV + ?
    Will they move to another house? (Vont-ils déménager?)
- **L'expression BE GOING TO :** sujet + BE conjugué + GOING TO + BV
  We're going to take a walk after lunch. (Nous ferons une promenade après le déjeuner.)
- **Le présent progressif accompagné d'un adverbe de temps.**
  Mick is coming for dinner tomorrow. (Mick vient dîner demain.)

3. Subordonnées temporelles et d'hypothèse

Lorsque la proposition principale est au futur, la subordonnée introduite par WHEN, AS SOON AS ou IF est au présent ou au « present perfect ».
We'll start work when Ted arrives. (Nous commencerons le travail quand Ted arrivera.)

Présent simple et présent progressif

	Forme affirmative	Forme négative	Forme interrogative
Présent simple	I, you } walk he, she, it } walks we, you, they } walk	I, you } don't walk he, she, it } doesn't walk we, you, they } don't walk	Do { I, you } walk? Does { he, she, it } walk? Do { we, you, they } walk?
Présent progressif	I am you are he is she is it is we are you are they are } walking	I'm you're he's she's it's we're you're they're } not walking	am I are you is he is she is it are we are you are they } walking?

What are they doing?

Sandra is working at her desk.   The elephant is having a shower.   Jane and Mike are sunbathing.

when will you come to Britain? — when the TUNNEL is finished!

I'll go shopping as soon as it STOPS raining

If there are enough apples, I'll make an apple pie!

Le verbe / Les temps (II)

1 Prétérit et « Present perfect »

- **Le prétérit** exprime une **action terminée** ou un **état révolu**.
  - Forme affirmative : a) Verbes réguliers : BV + -ED.
    b) Verbes irréguliers : forme différente à apprendre par cœur (voir page 122-123).
  - Forme négative : sujet + DIDN'T + BV.
  - Forme interrogative : DID + sujet + BV + ?

- **Prétérit simple et prétérit progressif**
  - Formation du prétérit progressif : sujet + WAS / WERE + BV + -ING.
  - On emploie le prétérit progressif pour marquer qu'**une action était en cours à un moment donné du passé,** lui-même souvent marqué par un prétérit simple : **We were having dinner when Sid called.** (Nous dînions [= étions en train de dîner] quand Sid a téléphoné.)

- Le **« present perfect »** indique qu'**une action passée est vue par rapport au présent,** dans son prolongement présent. Le moment du passé auquel se situe l'action est indéterminé.
  - Formation : sujet + HAVE/HAS + participe passé du verbe.
  - Emploi avec « ever », « never », « for », « since », et les adverbes de fréquence (« sometimes », « often »).

- **Prétérit et « present perfect »**
Le prétérit situe l'action dans le passé sans tenir compte de ses prolongements dans le présent.
À la question : **« Have you been to New York ? »** on pourra répondre :
  - **« No, I've never been to New York. »**
  - **« Yes, I've been to New York. »** On ne précise pas à quel moment du passé.
  - **« Yes. I went two years ago. »** (Oui. J'y suis allé il y a deux ans.) Le moment du passé est déterminé ; on emploie donc le prétérit.

2 Prétérit et « past perfect »

- Formation du « past perfect » : sujet + HAD + participe passé du verbe.

- Emploi : l'action évoquée au « past perfect » est antérieure à celle évoquée au prétérit : **Jane was not at home; she had gone out an hour before I arrived.** (Jane n'était pas chez elle ; elle était sortie une heure avant mon arrivée.)

3 Subordonnées d'hypothèse au prétérit

- Quand la principale est au conditionnel, la subordonnée introduite par IF est au prétérit (prétérit modal) : **He would lose his temper if he knew what you have done.** (Il se mettrait en colère s'il savait ce que vous avez fait.)

- **Le prétérit modal du verbe BE est WERE à toutes les personnes : If I were you, I wouldn't drop out of school.** (Si j'étais toi, je n'abandonnerais pas l'école.)

Prétérit d'un verbe régulier

Forme affirmative	Forme négative	Forme interrogative
I, you, he, she, it, we, you, they } walked	I, you, he, she, it, we, you, they } didn't walk	Did { I, you, he, she, it, we, you, they } walk?

« Present perfect »

Forme affirmative	Forme négative	Forme interrogative
I, you } have gone	I, you } haven't gone	Have { I, you }
he, she, it } has gone	he, she, it } hasn't gone	Has { he, she, it } gone?
we, you, they } have gone	we, you, they } haven't gone	Have { we, you, they }

Jane went out.   **I arrived.**

Temps ←———— one hour ————→

Jane had gone out one hour before I arrived. She had been out for one hour.

Présent

If I were the queen, ... I would have many servants ;

  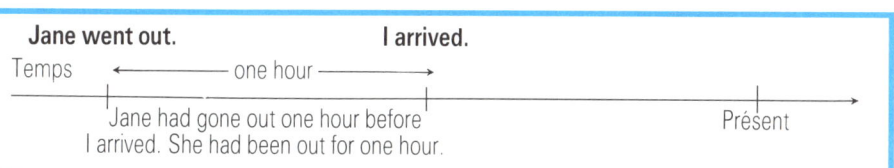

... I would live in a castle ;   ... my parents wouldn't have to work.

Le verbe / Les modaux

1 CAN / CAN'T / COULD / COULDN'T

- **CAN** exprime :
  - **la capacité physique ou intellectuelle :**
    Can they read ? (Savent-ils lire ?)
  - **la permission** (langue familière) :
    Can I stay a little longer? (Puis-je rester encore un peu ?)
  - **une demande polie :**
    Can you speak up? (Pouvez-vous parler plus fort ?)
- **CAN'T** exprime :
  - **l'incapacité physique ou intellectuelle :**
    I can't do this exercise : it's too difficult. (Je suis incapable de faire cet exercice : il est trop difficile.)
  - **l'impossibilité :**
    We can't come tomorrow. (Nous ne pouvons pas venir demain.)
- **COULD :**
  - passé de CAN :
    We could play tennis everyday when we lived in Chichester. (Nous pouvions jouer au tennis tous les jours quand nous habitions Chichester.)
  - exprime une **demande polie** :
    Could you speak up? (Pourriez-vous parler plus fort ?)
- **COULDN'T :** passé de CAN'T

2 MUST / MUSTN'T & SHOULD / SHOULD NOT (= SHOULDN'T)

- **MUST** exprime :
  - **l'obligation, le devoir :**
    You must stop smoking. (Il faut que tu arrêtes de fumer.)
  - **la forte probabilité : She must be Chinese.** (Elle doit être chinoise.)
- **MUSTN'T** exprime **l'interdiction :**
  You mustn't spend so much money. (Il ne faut pas que tu dépenses autant.)
Attention ! L'absence d'obligation s'exprime à l'aide de NOT HAVE TO.
- **SHOULD** exprime un **conseil :**
  You should try and catch the 8 o'clock train. (Tu devrais essayer d'attraper le train de 8 heures.)
- **SHOULDN'T** exprime la **désapprobation :**
  He shouldn't cheat. (Il ne devrait pas tricher.)

3 MAY / MAY NOT / MIGHT

- **MAY** exprime :
  - **l'éventualité :**
    My neighbour may come tomorrow. (Il se peut que ma voisine vienne demain.)
  - **la permission : May I take your book?** (Puis-je prendre ton livre ?)
- **MAY NOT** exprime le refus de permission :
  « May I take your book? » « No, you may not. »
- **MIGHT** exprime une **éventualité peu probable.**

Caractéristiques des modaux

- Ils n'expriment ni une action, ni un état.
- Ils n'ont pas d'infinitif.
- Ils ne se conjuguent pas à tous les temps.
- Ils ne prennent pas « -s » à la 3e personne du singulier.
- Pour les formes négative et interrogative, on n'emploie pas DO et DID.

– Ils expriment une modalité.
– Ils sont suivis de la seule base verbale.
– Pour les temps qui leur font défaut, on emploie des équivalents.

Les divers degrés de probabilité

- **Tom isn't Irish.**
  (Tom n'est pas irlandais.)
- **Pete can't be Irish.**
  (Il n'est pas possible que Pete soit irlandais.)
- **Ian may be Irish.**
  (Il se peut qu'Ian soit irlandais.)
- **Maureen must be Irish.**
  (Maureen est sûrement irlandaise.)
- **Patrick is Irish.**
  (Patrick est irlandais.)

– Certitude négative.

– Quasi-certitude négative.

– Éventualité, possibilité.

– Très forte probabilité, quasi-certitude.

– Certitude à 100 %.

Du conseil à l'ordre

You should work hard at school.   You must work hard!   Work hard!

Les verbes irréguliers

Base verbale	Prétérit	Participe passé	Traduction
be	was	been	*être*
bear	bore	borne	*(sup)porter*
beat	beat	beaten	*battre*
become	became	become	*devenir*
begin	began	begun	*commencer*
bleed	bled	bled	*saigner*
blow	blew	blown	*souffler*
break	broke	broken	*briser*
bring	brought	brought	*apporter*
build	built	built	*construire*
burn	burnt	burnt	*brûler*
burst	burst	burst	*éclater*
buy	bought	bought	*acheter*
catch	caught	caught	*attraper, prendre*
choose	chose	chosen	*choisir*
come	came	come	*venir*
cost	cost	cost	*coûter*
cut	cut	cut	*couper*
do	did	done	*faire*
draw	drew	drawn	*tirer, dessiner*
dream	dreamt	dreamt	*rêver*
drink	drank	drunk	*boire*
drive	drove	driven	*conduire, pousser*
eat	ate	eaten	*manger*
fall	fell	fallen	*tomber*
feed	fed	fed	*nourrir*
feel	felt	felt	*(se) sentir, éprouver*
fight	fought	fought	*se battre*
find	found	found	*trouver*
fly	flew	flown	*voler (oiseau, avion)*
forbid	forbade	forbidden	*interdire*
forget	forgot	forgotten	*oublier*
freeze	froze	frozen	*geler*
get	got	got	*obtenir, etc.*
give	gave	given	*donner*
go	went	gone	*aller*
grow	grew	grown	*pousser, cultiver*
hang	hung	hung	*pendre*
have	had	had	*avoir*
hear	heard	heard	*entendre*
hide	hid	hidden	*cacher*
hit	hit	hit	*frapper*
hold	held	held	*tenir*
hurt	hurt	hurt	*blesser, faire mal*
keep	kept	kept	*garder*
know	knew	known	*savoir*

Base verbale	Prétérit	Participe passé	Traduction
lead	led	led	conduire, mener
learn	learnt	learnt	apprendre
leave	left	left	quitter, laisser
lend	lent	lent	prêter
let	let	let	laisser
lie	lay	lain	être couché, se trouver
lose	lost	lost	perdre
make	made	made	faire
mean	meant	meant	vouloir dire, signifier
meet	met	met	rencontrer
pay	paid	paid	payer
put	put	put	mettre
read	read	read	lire
ride	rode	ridden	aller à cheval, à bicyclette, etc.
ring	rang	rung	sonner
run	ran	run	courir
say	said	said	dire
see	saw	seen	voir
sell	sold	sold	vendre
send	sent	sent	envoyer
set	set	set	fixer
shake	shook	shaken	secouer
shine	shone	shone	briller
shoot	shot	shot	tirer (fusil)
show	showed	shown	montrer
shut	shut	shut	fermer
sing	sang	sung	chanter
sink	sank	sunk	sombrer, couler
sit	sat	sat	être assis
sleep	slept	slept	dormir
smell	smelt	smelt	sentir (odeur)
speak	spoke	spoken	parler
spell	spelt	spelt	épeler
spend	spent	spent	dépenser
spoil	spoilt	spoilt	gâcher, gâter
spread	spread	spread	étendre
stand	stood	stood	être debout
steal	stole	stolen	voler (voleur)
stick	stuck	stuck	coller
strike	struck	struck	frapper
sweep	swept	swept	balayer
swim	swam	swum	nager
take	took	taken	prendre
teach	taught	taught	enseigner
tear	tore	torn	déchirer
tell	told	told	dire, raconter
think	thought	thought	penser
throw	threw	thrown	lancer, jeter
understand	understood	understood	comprendre
wake	woke	woken	(s') éveiller
wear	wore	worn	porter
win	won	won	gagner
write	wrote	written	écrire

anglais

Le groupe nominal (I)

1 L'article indéfini : A / AN
- On emploie **A** devant un nom commençant par une consonne ou un son consonantique : a girl, a university.
On emploie **AN** devant un nom commençant par une voyelle ou un « h » muet : an artist, an hour.
- L'article indéfini est **invariable en genre** : a man, a woman.
- On l'emploie devant un dénombrable au singulier lorsque celui-ci n'est pas déterminé ; on ne l'emploie jamais devant un indénombrable :
   The pursuit of ∅ beauty is the aim of a real artist.
   (La poursuite de la beauté est l'objectif d'un véritable artiste.) ∅ = article zéro, ce qui signifie qu'il n'y a pas d'article.

2 L'article défini : THE
- L'article défini est **invariable en genre et en nombre** : the girl, the boy, the dogs.
- On n'emploie **THE** devant un nom, dénombrable ou indénombrable, que lorsqu'il est **déterminé** :
   ∅ Courage is a virtue. The courage of that woman is admirable. (Le courage est une qualité. Le courage de cette femme est admirable.)

3 Les indéfinis

Indéfinis	Indénombrable au singulier	Dénombrable au pluriel	Exemples
No = not any	X	X	She hasn't got any luck. She hasn't got any friends.
Any	X	X	Have you got any work to do? Have you got any books to lend me?
Some	X	X	I'd like some tea and some toasts.
Enough	X	X	I wish I had enough time to take a holiday! Will there be enough plates?
Much	X		They've invested much / a lot of / lots of / plenty of money abroad.
– A lot of – Lots of – Plenty of	X	X	Many / A lot of / Lots of / Plenty of companies are going bankrupt.
Many		X	
Too much	X		I have too much work to do.
Too many		X	Too many firms are in a difficult position.
All	X	X	All my friends came to my party and they drank all the punch.

Le groupe nominal (II)

1 Formation des mots

● **La dérivation** permet de former des mots en ajoutant des préfixes ou des suffixes à des mots existants.
- **Formation d'adjectifs :**
Verbe + suffixe → adjectif : adopt → adoptive
Préfixe + adjectif → adjectif : able → unable
- **Formation de noms :**
Nom + suffixe → adjectif : care → careless
Adjectif + suffixe → nom : careless → carelessness
- **Formation d'adverbes :**
Adjectif + « -ly » : gracious → graciously

● **La composition** permet de former des mots par la juxtaposition de deux mots. Par de multiples combinaisons, on peut former des verbes, des noms, des adjectifs.

2 Pronoms réfléchis ou de renforcement

● **Formation** : adjectif possessif ou pronom complément + **-SELF** ou **-SELVES**

Pronom sujet	I	you	he	she	it	we	you	they
Pronom réfléchi ou de renforcement	myself	yourself	himself	herself	itself	ourselves	yourselves	themselves

● **Pronom réfléchi :**
She is looking at herself in the mirror.
(Elle se regarde dans la glace.)

● **Pronom de renforcement :**
She made this beautiful dress herself.
(Elle a fait cette belle robe elle-même.)

3 Pronoms réciproques : EACH OTHER / ONE ANOTHER

Attention ! L'emploi du pronom réciproque en anglais est indépendant de son emploi en français.

They met.
(Ils se sont rencontrés.)

They fell in love with each other.
(Ils sont tombés amoureux l'un de l'autre.)

They got married.
(Ils se sont mariés.)

Le groupe nominal (III)

1 L'adjectif
- L'adjectif est **invariable en genre et en nombre** :
  an intelligent boy, an intelligent girl, intelligent pupils.
- L'adjectif épithète se place **avant le nom** qu'il qualifie.

2 Comparatifs et superlatifs
- **Comparatifs d'égalité et d'inégalité**
  - Égalité : AS + adjectif + AS
    His marks are as good as mine. (Ses notes sont aussi bonnes que les miennes.)
  - Inégalité : NOT SO / NOT AS + adjectif + AS
    His marks are not so good (= not as good) as mine.
- **Comparatif de supériorité**
  - Adjectifs longs : MORE + adjectif + THAN
    She is more hard-working than I am. (Elle est plus travailleuse que moi.)
  - Adjectifs courts (1 syllabe) et adjectifs terminés en -y : adjectif + -ER + THAN
    My aunt is older than my mother. (Ma tante est plus vieille que ma mère.)
  Pour les adjectifs en **-y,** terminaison **-ier** : **happy** → **happier**
  - Comparatifs irréguliers : **good** → **better** ; **bad** → **worse**

3 Adjectifs et pronoms possessifs, génitifs
- **Les adjectifs possessifs** s'accordent avec le possesseur et non avec l'obje
possédé : **This satchel belongs to my brother : it's his satchel.** (Ce cartable appartient
mon frère : c'est son cartable.) his = son, sa, ses (selon le genre du mot que qualifie « his »

Comme les autres adjectifs, les adjectifs possessifs se placent devant le nom qu'il
qualifient. S'il y a plusieurs adjectifs, l'adjectif possessif est le premier ·
  He is very fond of his sweet little American cousin. (Il aime beaucoup sa mignonn
  petite cousine américaine.)

- **Les pronoms possessifs,** comme les adjectifs possessifs, s'accordent avec l
possesseur et non avec le nom qu'ils qualifient :
  The house, the garden and the car are theirs. (La maison, le jardin et la voiture sor
  les leurs = sont à eux.)

- **Le génitif ou cas possessif**
  - Formation :
  a) nom au singulier ou pluriel irrégulier + **'S**
    the lady's bag, the gentlemen's wallets (le sac de la dame, les portefeuilles de
    messieurs)
  b) nom au pluriel + **apostrophe**
    the ladies' bags (les sacs des dames)
  - **Le génitif incomplet :** les noms « shop » et « house » sont, le plus souvent
  sous-entendus :
    I'm going to my grandmother's (= to my grandmother's house). (Je vais chez m
    grand-mère.)
  - **Emplois particuliers du génitif :**
    today's paper, a two days' trip (le journal d'aujourd'hui, un voyage de deux jours).

He is intelligent.

She is intelligent.

They are intelligent.

anglais

Pronom sujet	I	you	he	she	we	you	they
Adjectif possessif	my	your	his	her	our	your	their
Pronom possessif	mine	yours	his	hers	ours	yours	theirs

He is sitting in his chair, reading today's paper.
(Il est assis dans son fauteuil, lisant le journal d'aujourd'hui.)

She is sitting in her chair, reading her book.
(Elle est assise dans son fauteuil, lisant son livre.)

Her book is more interesting than today's paper.
(Son livre est plus intéressant que le journal d'aujourd'hui.)

La phrase

1 Pronoms relatifs

- Le choix du pronom relatif dépend de l'antécédent. L'antécédent peut être humain ou non humain.
    The lady who is wearing a green dress is an actress.
    (La dame qui porte une robe verte est actrice.)
    Take the chair which / that is free.
    (Prends la chaise qui est libre.)

- Quand il y a plusieurs antécédents, dont certains sont humains et d'autres non humains, on emploie le relatif sujet THAT :
    The lady and the car that are across the street.
    (La dame et la voiture qui sont de l'autre côté de la rue.)

- Dans les relatives définissantes (c'est-à-dire celles qui déterminent l'antécédent et sont donc indispensables à la compréhension de l'énoncé), le relatif objet est souvent omis :
    The man I was talking about = The man whom / that I was talking about.
    (L'homme dont je parlais.)

2 Pronoms interrogatifs

Dans les interrogations directes, le verbe qui suit le pronom interrogatif est à la **forme interrogative**.

Who will answer this question? (Qui répondra à cette question ?)
What countries would you like to visit? (Quels pays voudrais-tu visiter ?)
What would you like to drink? (Qu'aimerais-tu boire ?)
Which house do you like best : mine or Peter's? (Quelle maison préfères-tu : la mienne ou celle de Peter ?) **Which** implique qu'il y a choix.
Whose dog is this? (À qui est ce chien ?)
Why was he late? (Pourquoi était-il en retard ?)
When did she allow you to do this? (Quand t'a-t-elle permis de faire cela ?)
Where is the nearest bank? (Où est la banque la plus proche ?)
How can I get there? (Comment puis-je y aller ?)
How much time is left? (Combien de temps reste-t-il ?)
How many stamps do you need? (De combien de timbres avez-vous besoin ?)
How far is it? (C'est à quelle distance ?)
How long will it take? (Combien de temps cela prendra-t-il ?)

3 Pronoms interrogatifs → Pronoms relatifs (interrogations indirectes)

Dans les interrogations indirectes, le verbe qui suit le pronom relatif est à la **forme affirmative**.

   I don't know who will answer this question.
   I have no idea whose dog this is.
   I wish I knew where the nearest bank is.

Antécédent	Relatif Sujet	Relatif complément	Relatif complément de nom
Masculin / Féminin	WHO / THAT	WHOM / THAT / ∅	WHOSE
Neutre	WHICH / THAT	WHICH / THAT / ∅	OF WHICH / WHOSE

∅ = absence de relatif.

On utilise	pour interroger sur	Traductions
WHO	une personne	Qui… ?
WHAT	un objet, une activité	Que / Qu' / Quel(s) / Quelle(s)… ?
WHOSE	un possesseur	À qui… ?
WHY	la raison	Pourquoi… ?
HOW	la manière	Comment… ?
WHEN	le moment	Quand… ? / À quel moment… ?
WHERE	le lieu	Où… ? / À quel endroit… ?
WHICH	un choix	(Le)quel… ? / (La)quelle… ? / (Les)quels… ? / (Les)quelles… ?
HOW MUCH + singulier / HOW MANY + pluriel	la quantité	Combien de… ? / Quelle quantité de… ?
HOW FAR	la distance	À quelle distance… ?
HOW LONG	la durée	Combien de temps… ?

anglais

Quelques fonctions

Accord, désaccord et concession

- **Accord**
« I think that book is silly. » « <u>I think so too</u>. »
« I agree with Susan. » « <u>So do I</u>. »
« It was stupid to say that. » « <u>I agree with you</u>. »
« The train is at 5.30. » « <u>You're right</u>. »

- **Désaccord**
« I think that book is uninteresting. » « <u>I don't think so</u>. »
« I don't like it. » « <u>I do</u>. »
« I agree with Susan. » « I don't. <u>I disagree with both of you</u>. »
« The plane took off at 9 o'clock sharp. » « <u>You're wrong</u>. It was late. »

- **Concession**
« You're probably right, but... » = « You may be right, <u>but</u>... »
« That's all very well, <u>but</u>... »
« <u>Although</u> what you say is true, I think that... »
(Bien que ce que vous dites soit vrai, je pense que... »

Dire que l'on n'est pas sûr(e)

« I'm not quite sure, but I think... »
« I'm not too sure I understand the question. »
(Je ne suis pas très sûr(e) de comprendre cette question.)
« I can't say for sure / for certain... »
(Je ne peux pas affirmer absolument...)
« I'm afraid I can't be certain about that. »
(Malheureusement, je n'ai aucune certitude là-dessus. »)

Dire que l'on ne sait pas

« I'm sorry, I can't answer this question. »
(Je regrette, je ne connais pas la réponse à cette question.)
« I'm afraid I don't know the answer. »
(Malheureusement, je ne connais pas la réponse.)

Argumenter et exprimer

- **La cause**
He couldn't come to school <u>because</u> his mother was ill.
(... parce que sa mère était malade.)
He couldn't come <u>because of</u> his mother's illness.
(... à cause de la maladie de sa mère.)
His mother was ill; <u>that is why</u> he didn't come.
(... c'est pourquoi...)
<u>As</u> his mother was ill, he couldn't come.
(Parce que / Comme...)

- **La conséquence**
« He is unwell. » « Can he work today, <u>then</u>? »
(– Il n'est pas bien. – Alors, peut-il travailler aujourd'hui?)
Just you say that again <u>and</u> you'll see what happens!
(Redis donc ça et (alors) tu verras ce qui se passera!)
He didn't like flying, <u>so</u> he always took the train.
(Il n'aimait pas voyager par avion, aussi prenait-il toujours le train.)

- **Le but**
« What are you doing that <u>for</u>? « <u>To</u> help my mother. »
(– Pourquoi faites-vous ça? – Pour aider ma mère.)
She left early <u>in order to</u> catch her train.
(Elle est partie tôt afin d'attraper son train.)

- **La condition**
<u>If</u> you pass your exam, we'll take you for a trip.
(Si tu réussis ton examen, nous t'emmènerons en voyage.)
<u>If</u> they had the money, they would take the trip.
(S'ils avaient l'argent nécessaire, ils feraient ce voyage.)

- **L'hypothèse**
<u>If</u> we were rich, we would stay in bed late every morning.
(Si nous étions riches, nous ferions la grasse matinée tous les matins.)
<u>Suppose</u> you miss your plane, what will you do?
(Si vous ratez votre avion, que ferez-vous?)
<u>Imagine</u> they won the prize, what would they do with the money?
(Imaginez qu'ils gagnent le prix. Que feraient-ils de l'argent?)

anglais

L'énergie électrique

1 La puissance électrique

En courant continu la puissance P d'un appareil électrique est égale au produit de la tension U appliquée à ses bornes par l'intensité I qui le traverse : $P = U \times I$.
L'unité de puissance est le watt (W).

En courant alternatif, cette relation n'est valable que pour les appareils à effet thermique (lampe, fer à repasser, etc.) ; U et I sont alors la tension et l'intensité efficaces.

On appelle puissance nominale d'un appareil, l'indication qu'il porte en watt.

Quelques puissances nominales ▶

Microphone :	0,04 mW
Rasoir :	12 W
Téléviseur :	80 à 200 W
Fer à repasser :	800 à 1 200 W
Four électrique :	3 kW
Locomotive T.G.V. :	3 MW
Centrale électrique :	900 MW

2 L'énergie électrique

L'énergie électrique consommée par un appareil électrique est égale au produit de la puissance de cet appareil par la durée de fonctionnement.

$$E = P \times t$$
Joule (J)   Watt (W)   secondes (s)

L'unité légale d'énergie est le joule (J).

3 Les résistances

- **Résistances — loi d'Ohm**

— Une résistance permet de modifier l'intensité du courant dans un circuit. La tension U entre ses bornes est liée à l'intensité I, qui la traverse, par la relation :

$$U = R \times I \quad \text{(loi d'Ohm)}$$
V   ohm (Ω)   A

— La valeur R de la résistance ne dépend pas du sens du courant qui la traverse. Cette valeur peut être mesurée directement par un ohmmètre.

— Une résistance est caractérisée par sa valeur R et par la puissance nominale qu'il ne faut pas dépasser.

- **Associations de résistances**

— La résistance R de l'ensemble de deux résistances R_1 et R_2 associées en série a pour valeur $R = R_1 + R_2$.

— La résistance R de l'ensemble de deux résistances R_1 et R_2 associées en parallèle est inférieure à la plus petite des résistances.

L'énergie électrique

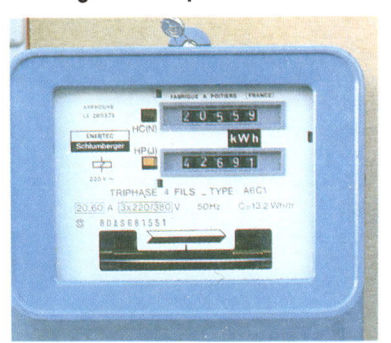

Le compteur électrique mesure l'énergie électrique totale consommée dans une installation.

Diviseur de tension

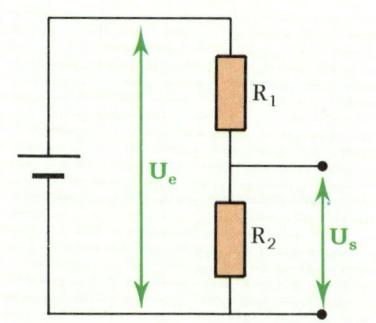

Le diviseur de tension ci-dessus délivre à vide une tension $U_s = U_e \times \dfrac{R_2}{R_1 + R_2}$

Résistances

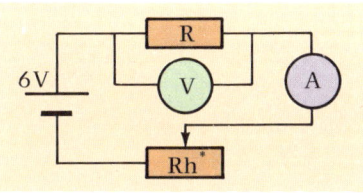

*Rh : résistance variable ou rhéostat.
Montage permettant d'établir la caractéristique de la résistance R.

Association de 3 résistances identiques, en parallèle

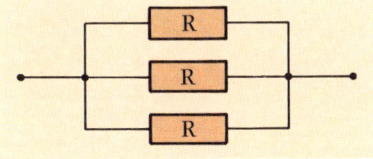

La résistance de l'ensemble vaut $\dfrac{R}{3}$.

U volts	0	1	2	3	4	5
I ampères	0	0,06	0,11	0,17	0,22	0,28

Tableau de valeurs

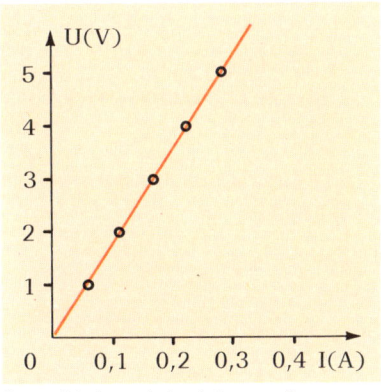

Caractéristique de la résistance R.

Le transistor

Un transistor (symbole ci-contre) possède trois bornes : base (B), émetteur (E), collecteur (C).

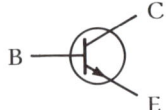

1. Transistor bloqué ; transistor passant

— Si la tension U_{BE} entre la base et l'émetteur est **inférieure à 0,6 V**, aucun courant ne passe entre le collecteur et l'émetteur. Le transistor se comporte alors comme un interrupteur ouvert.
— Si la tension U_{BE} est **supérieure à 0,6 V**, un petit courant dans la base débloque le transistor et permet le passage d'un grand courant dans le collecteur : le transistor est passant.

2. Les deux régimes de fonctionnement

Lorsque le transistor est passant on distingue les deux régimes suivants :
— Quand I_B, intensité du courant dans la base, est faible, l'intensité I_C dans le collecteur lui est proportionnelle : $I_C = \beta I_B$, β étant le gain du transistor. On dit que le transistor est amplificateur.
— Quand I_B dépasse une certaine valeur, l'intensité I_C dans le collecteur conserve une valeur constante. Le transistor est alors **saturé**.

3. Association entre un diviseur de tension et un transistor : le potentiomètre électronique

— Un diviseur de tension constitué d'un potentiomètre de faible puissance ne peut délivrer qu'un courant d'intensité faible.
— Si l'on désire disposer d'un courant d'intensité plus grande on lui associe un transistor. L'appareil d'utilisation est branché dans l'émetteur.
L'ensemble potentiomètre - transistor constitue un potentiomètre électronique.

Schéma d'une alimentation continue réglable fonctionnant sur le secteur

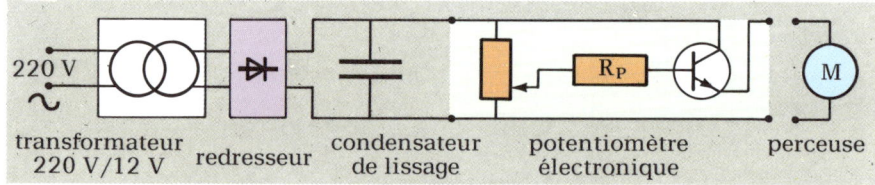

Cette alimentation délivre aux bornes de l'appareil d'utilisation (moteur) une tension de sortie qui dépend peu de l'intensité du courant débité.

Montage permettant d'étudier les régimes de fonctionnement du transistor

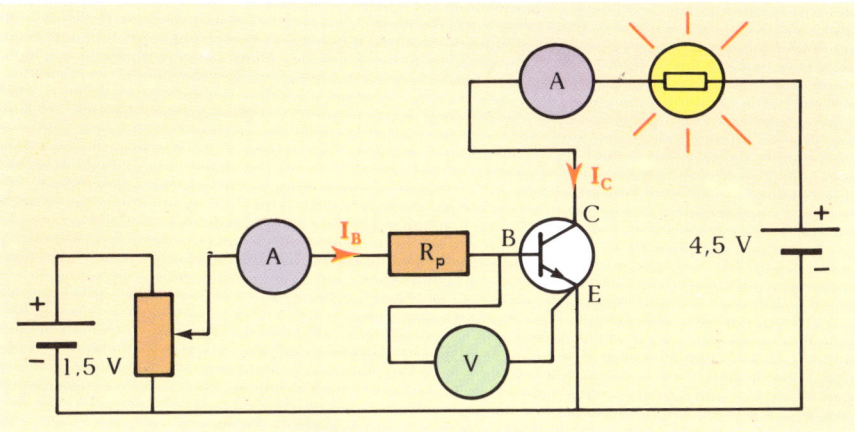

Le circuit de commande comporte,
- le diviseur de tension,
- l'ampèremètre,
- Rp résistance de protection,
- le transistor (bornes B et E).

Le circuit principal comporte,
- la pile 4,5 V,
- la lampe,
- l'ampèremètre
- le transistor (bornes C et E).

Schéma d'un potentiomètre électronique

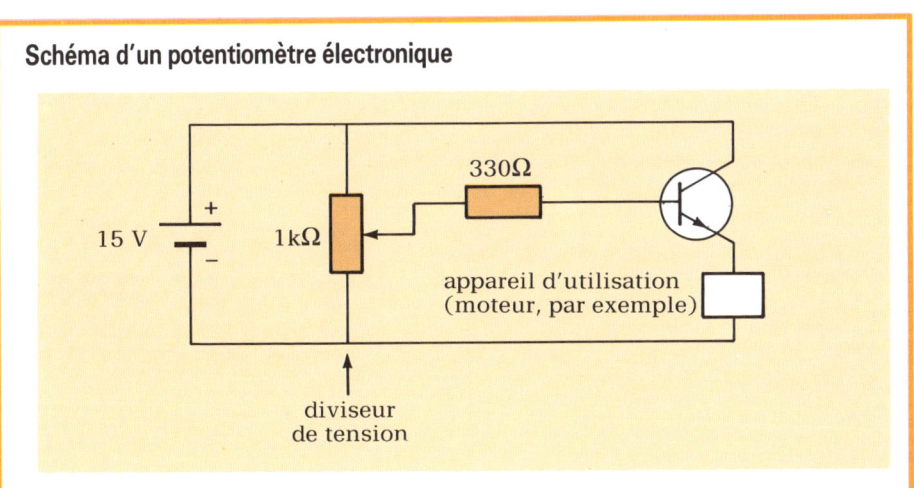

Les lentilles convergentes

1 Définition et propriétés

- Une lentille convergente est formée d'un bloc transparent (en verre ou en matière plastique) dont l'épaisseur est plus grande au centre que sur les bords.

- Elle possède un axe de symétrie appelé axe optique.

- Si cet axe est dirigé vers le Soleil, l'image du Soleil est une tache centrée en F' foyer image, à la distance focale f du centre de la lentille.

- La convergence C, exprimée en dioptries, est donnée par : $C = \dfrac{1}{f}$ (f en mètres)

- Une lentille convergente donne d'un objet situé au-delà de la distance focale une image réelle, renversée. Si nous déplaçons l'objet, l'image se déplace dans le même sens, et elle est d'autant plus grande qu'elle est située loin de la lentille.

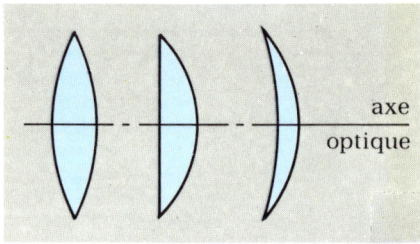

Vues en coupe de lentilles convergentes

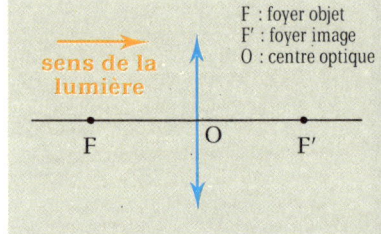

Symbole d'une lentille convergente

F : foyer objet
F' : foyer image
O : centre optique

2 Construction d'une image

- Tout rayon passant par le centre optique d'une lentille n'est pas dévié. Une lentille donne d'un point objet un point image : ces deux points sont alignés avec le centre optique.

- Une lentille convergente fait passer par le foyer image F' tout rayon incident parallèle à l'axe optique. Tout rayon incident passant par le foyer F donne un rayon émergent parallèle à l'axe optique.
Pour déterminer graphiquement la position du point P', image du point P, il suffit de tracer la marche de deux rayons issus de P : P' se trouve à l'intersection des rayons émergents.

Construction d'une image

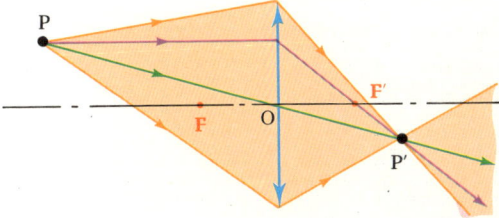

1ère méthode

Construction de l'image d'un point P : l'un des rayons incidents est parallèle à l'axe optique, l'autre passe par le centre optique.

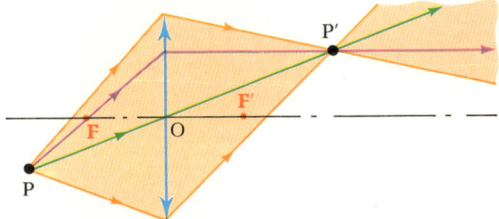

2e méthode

Construction de l'image d'un point P : l'un des rayons incidents passe par le centre optique, l'autre passe par le foyer objet.

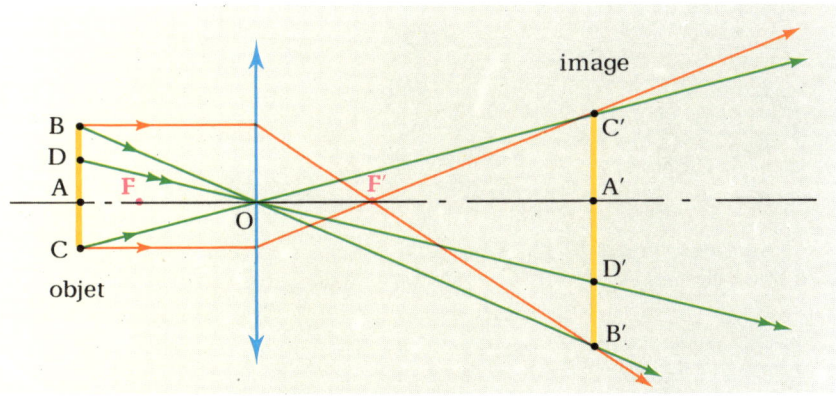

Construction de l'image d'un segment lumineux BC perpendiculaire à l'axe optique.

Des appareils munis de lentilles

1. Le projecteur de diapositives
- Le projecteur de diapositives comporte un objectif convergent qui donne, sur un écran, une image agrandie et renversée d'une diapositive.

- La mise au point consiste à obtenir une image nette sur l'écran ; elle est réalisée en réglant la distance objectif-diapositive.

2. L'appareil photographique
L'appareil photographique est une boîte noire munie d'un objectif convergent qui donne d'un objet une image renversée sur la pellicule.

- Il comporte également :
— un diaphragme, dont le diamètre est égal à la distance focale divisée par le nombre d'ouverture ;
— un obturateur, qui s'ouvre pendant une durée déterminée (temps de pose) pour laisser entrer la lumière.

- La réalisation d'une photographie nécessite un choix convenable de la sensibilité du film (exprimée en degrés ISO) et des réglages de l'appareil :
— mise au point en fonction de la distance du sujet ;
— temps de pose choisi en fonction de la vitesse de déplacement du sujet ;
— l'ouverture du diaphragme, choisie en fonction de l'éclairement.
La profondeur de champ augmente lorsqu'on ferme le diaphragme.

Temps de pose : 250 (1/250 s), ouverture : 11.
La pellicule a reçu trop de lumière.

Temps de pose : 1,5 (1/1,5 s) ; ouverture : 16. ▶
Le temps de pose est trop grand : le déplacement du bras provoque une impression de flou. En revanche, le personnage, immobile, est net.

Le projecteur de diapositives

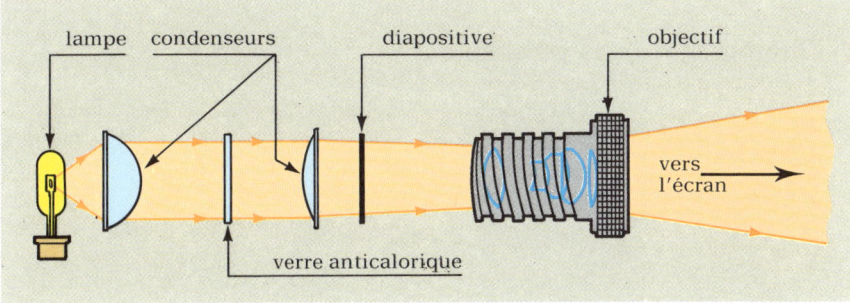

La diapositive éclairée constitue l'objet lumineux ; l'objectif en donne une image agrandie sur un écran.

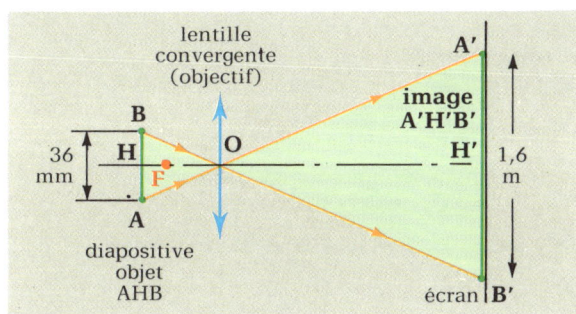

L'écran éloigné de la lentille reçoit une image agrandie de la diapositive placée à proximité du foyer objet F.

L'appareil photographique

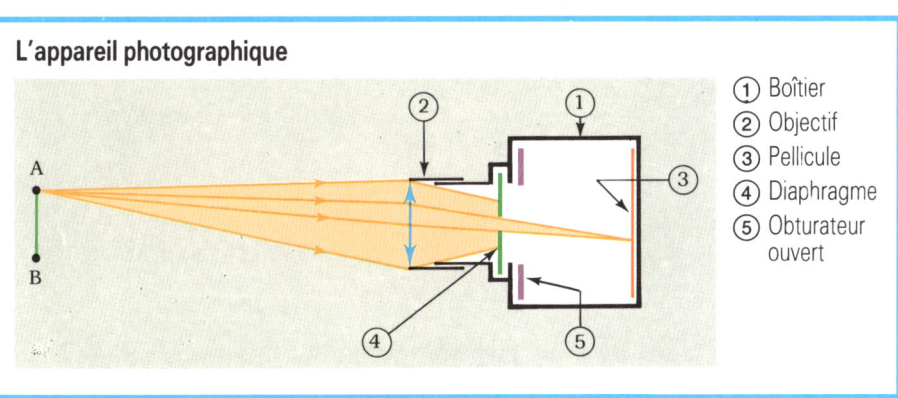

① Boîtier
② Objectif
③ Pellicule
④ Diaphragme
⑤ Obturateur ouvert

sc. physiques

Des réactions chimiques

1 Combustion de corps simples
- Un corps simple à l'état solide, est représenté par le symbole de son atome, par exemple : C pour le carbone, S pour le soufre, Fe pour le fer.
- Les combustions vives du carbone, du souffre et du fer se font avec dégagement de chaleur.

Les équations-bilans de ces combustions s'écrivent :

$$C + O_2 \rightarrow CO_2$$
$$S + O_2 \rightarrow SO_2$$
$$3\,Fe + 2\,O_2 \rightarrow Fe_3O_4$$

- La formation de rouille est une réaction chimique lente. Elle se produit à froid en présence d'air humide.

2 Combustion des hydrocarbures
- Les hydrocarbures sont des corps moléculaires composés de carbone et d'hydrogène.

Les alcanes ont pour formule générale C_nH_{2n+2}. Le premier est le méthane : CH_4

La combustion complète du méthane a pour équation-bilan :
$$CH_4 + 2\,O_2 \rightarrow CO_2 + 2\,H_2O$$

- Dans la formule développée d'un alcane, un atome de carbone est lié à 4 autres atomes :

Formule développée du méthane (CH_4) :

```
    H
    |
H — C — H
    |
    H
```

Formule développée de l'éthane (C_2H_6) :

```
    H   H
    |   |
H — C — C — H
    |   |
    H   H
```

3 Réductions de l'oxyde de cuivre et de l'oxyde de fer
- L'oxyde de cuivre est réduit par le carbone selon l'équation-bilan :
$$2\,CuO + C \rightarrow 2\,Cu + CO_2.$$
Dans cette réaction le carbone est oxydé par l'oxyde de cuivre.

- L'oxyde de fer (Fe_2O_3) est réduit par l'aluminium selon l'équation-bilan :
$$Fe_2O_3 + 2\,Al \rightarrow Al_2O_3 + 2\,Fe.$$
Dans cette réaction l'aluminium est oxydé par l'oxyde de fer.

Combustion vive

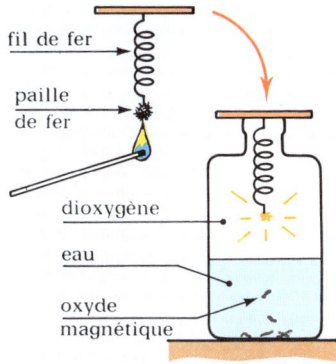

Le fer brûle vivement dans le dioxygène. L'eau refroidit les produits solides incandescents qui tombent ; elle empêche le verre du flacon de se briser.

Formation de la rouille

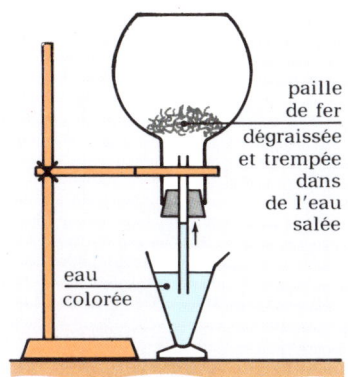

Le dioxygène de l'air emprisonné dans le ballon se combine au fer. L'eau prend la place du dioxygène et monte dans le tube.

Réduction de l'oxyde de cuivre par le carbone

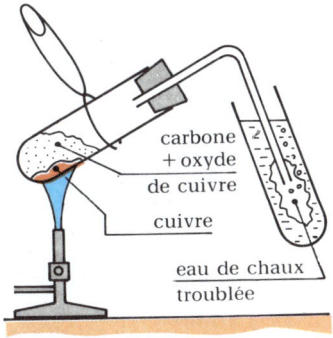

Pour augmenter la surface de contact entre ces corps solides, il faut les réduire en poudre et bien les mélanger.

Réduction de l'oxyde de fer par l'aluminium

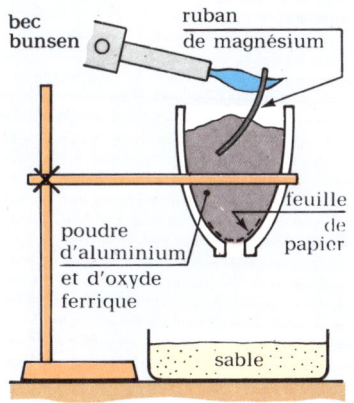

On recueille le fer en fusion en perçant le fond du creuset avant l'expérience.

L'eau et les solutions

1 L'eau

L'eau est un corps moléculaire de formule H_2O.
Sa décomposition réalisée par électrolyse a pour équation-bilan :
$$2H_2O \rightarrow 2H_2 + O_2.$$
La synthèse de l'eau se fait par combustion du dihydrogène : l'équation-bilan s'écrit :
$$2H_2 + O_2 \rightarrow 2H_2O$$

2 Les solutions acides ou basiques

- Les solutions aqueuses contiennent des ions H^+ et des ions OH^-.

- Dans les solutions acides, le nombre d'ions H^+ est très supérieur au nombre d'ions OH^-. Le pH est inférieur à 7. La solution est d'autant plus acide que son pH est faible.

- Dans les solutions neutres, les nombres d'ions H^+ et OH^- sont égaux. Le pH est égal à 7.

- Dans les solutions basiques, le nombre d'ions OH^- est très supérieur au nombre d'ions H^+. Le pH est supérieur à 7. Une solution est d'autant plus basique que son pH est élevé.

- Une solution d'acide chlorhydrique est acide, une solution de soude est basique.

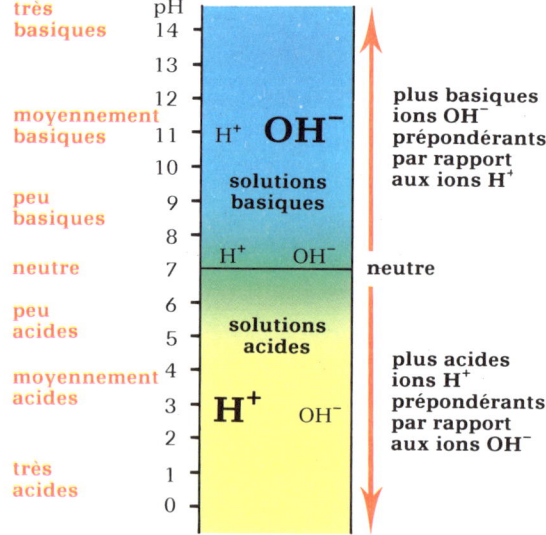

Décomposition de l'eau par électrolyse

Synthèse de l'eau

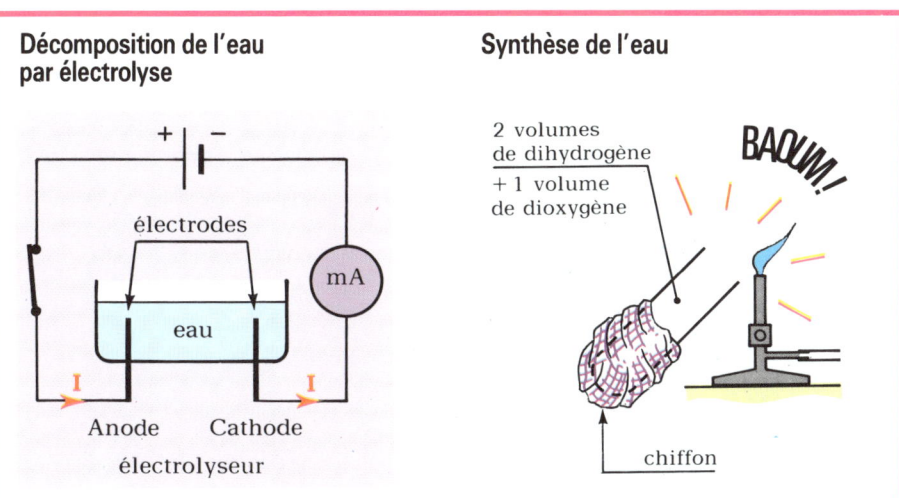

Solutions acides ou basiques

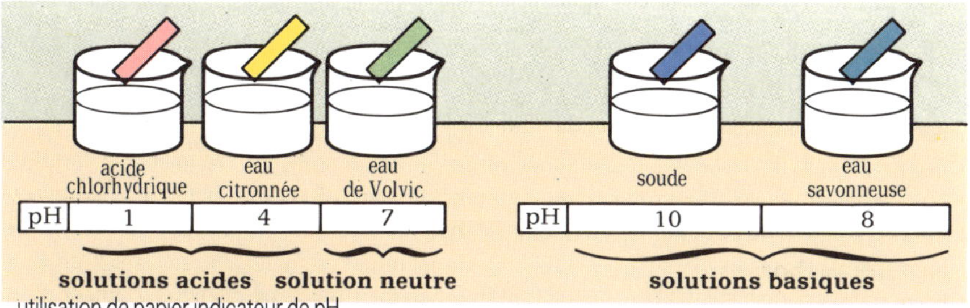

utilisation de papier indicateur de pH

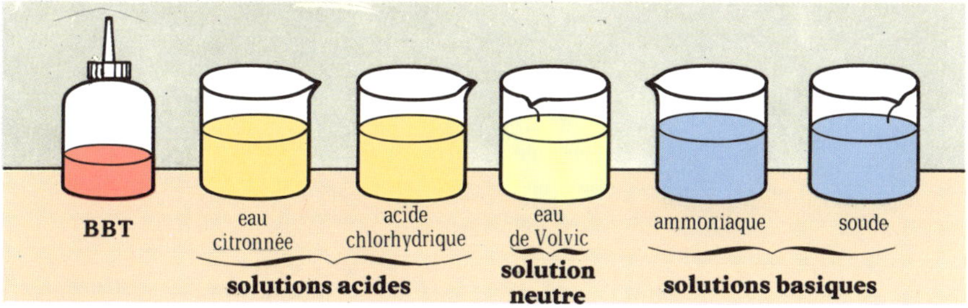

Le bleu de bromothymol (BBT) : un indicateur coloré.

sc. physiques

L'identification des ions

1 Ions cuivre II
Les ions cuivre Cu^{2+} sont caractérisés par la soude ; il se forme un précipité bleu d'hydroxyde de cuivre $Cu(OH)_2$.
L'équation-bilan s'écrit : $Cu^{2+} + 2OH^- \rightarrow Cu(OH)_2$.

2 Ions fer II / Ions fer III

- **Ions fer II**
Les ions fer II, Fe^{2+} sont caractérisés par la soude ; il se forme un précipité verdâtre d'hydroxyde de fer II : $Fe(OH)_2$.
L'équation-bilan s'écrit : $Fe^{2+} + 2OH^- \rightarrow Fe(OH)_2$.

- **Ions fer III**
Les ions fer III, Fe^{3+} sont caractérisés par la soude ; il se forme un précipité rouille d'hydroxyde de fer III : $Fe(OH)_3$.
L'équation-bilan s'écrit : $Fe^{3+} + 3OH^- \rightarrow Fe(OH)_3$.

3 Ions carbonate / ions sulfate / ions chlorure

- **Ions carbonate**
Les ions carbonate CO_3^{2-} sont caractérisés par un acide comme l'acide chlorhydrique ; il se produit un dégagement gazeux de dioxyde de carbone.
L'équation-bilan s'écrit $CO_3^{2-} + 2H^+ \rightarrow CO_2 + H_2O$.

- **Ions sulfate**
Les ions sulfate SO_4^{2-} sont caractérisés par une solution de chlorure de baryum ; il se forme un précipité blanc de sulfate de baryum $BaSO_4$.
L'équation-bilan s'écrit : $SO_4^{2-} + Ba^{2+} \rightarrow BaSO_4$.

- **Ions chlorure**
Les ions chlorure Cl^- sont caractérisés par une solution de nitrate d'argent ; il se forme un précipité blanc de chlorure d'argent $AgCl$:
L'équation-bilan s'écrit : $Cl^- + Ag^+ \rightarrow AgCl$.

La soude Ⓐ donne un précipité bleu avec les solutions de chlorure de cuivre Ⓑ et de sulfate de cuivre Ⓒ. Ceci caractérise la présence des **ions cuivre** Cu^{2+} dans ces deux solutions.

sc. physiques

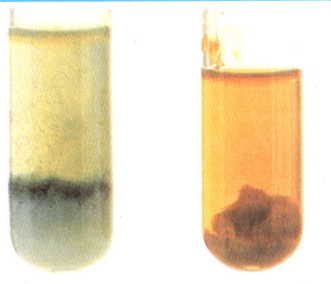

La soude donne un précipité verdâtre avec la solution de **chlorure ferreux** et un précipité rouille avec la solution de **chlorure ferrique**.

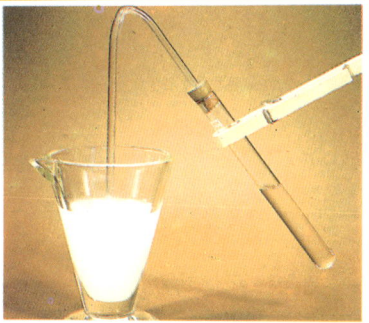

En milieu acide, l'**ion carbonate** se transforme en dioxyde de carbone. Ce dernier trouble l'eau de chaux.

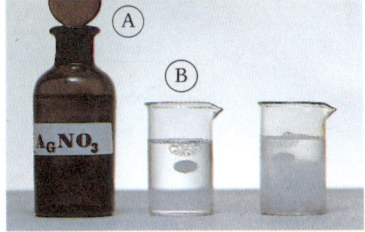

Précipitation du chlorure d'argent par action d'une solution de nitrate d'argent Ⓐ sur une solution de chlorure de sodium Ⓑ.

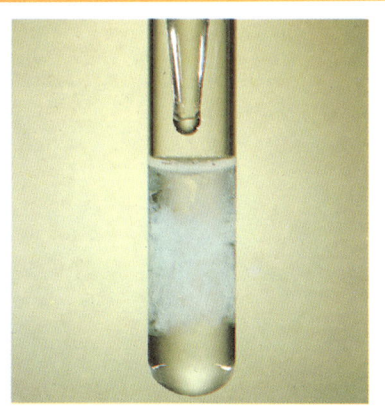

◀ Précipitation de **sulfate de baryum** obtenue en versant quelques gouttes d'une solution de chlorure de baryum dans une solution de sulfate de sodium.

Le poids et la masse d'un corps
La poussée d'Archimède

1 Le poids d'un corps

La Terre exerce sur tous les corps une force appelée poids.
Le poids est représenté par un vecteur $\vec{P}$ dont les caractéristiques sont les suivantes :
- sa direction : verticale ;
- son sens : vers le bas ;
- sa norme : l'intensité P du poids mesurée avec un dynamomètre.

2 Le poids et la masse d'un corps

La masse m d'un corps ne varie pas. Elle se mesure en kilogramme.
Le poids P d'un corps est proportionnel à sa masse : $P = m \times g$.
Le poids se mesure en newton (N).
Au voisinage de la Terre, l'intensité de la pesanteur g vaut 9,8 N/kg.
g dépend du lieu de telle sorte que le poids d'un corps dépend également du lieu.

3 La poussée d'Archimède

Tout corps plongé dans un liquide subit de la part de celui-ci une force verticale dirigée vers le haut, d'intensité égale au poids du liquide déplacé.

Représentation du poids d'un corps

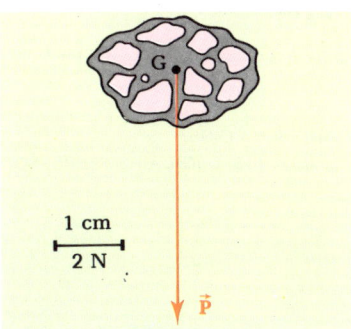

Le vecteur $\vec{P}$ est schématisé par une flèche dont l'origine est placée au centre de gravité du corps et dont la longueur est proportionnelle à l'intensité du poids.

Le dynamomètre mesure l'intensité du poids des pommes : $P = 7$ N.

La poussée d'Archimède

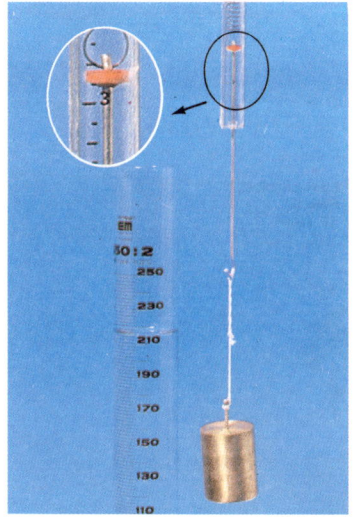

Le dynamomètre indique 2,75 N pour le poids du cylindre de laiton.

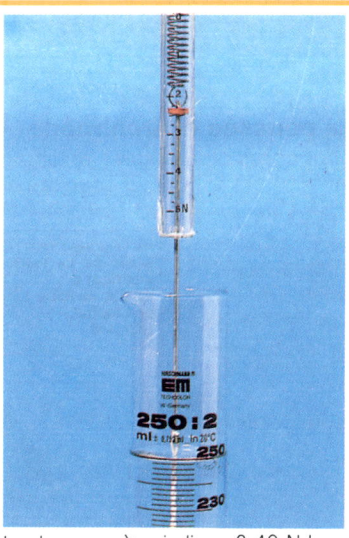

Le dynamomètre indique 2,40 N lorsque le cylindre est immergé. La poussée d'Archimède est donc de :
$F = 2,75$ N $- 2,40$ N $= 0,35$ N.

La reproduction et l'hérédité (1)

1 Toutes les cellules de notre organisme possèdent le même nombre de chromosomes

Notre organisme est constitué de plusieurs milliards de petites unités (seulement visibles au microscope), appelées **cellules**. Elles sont, en général, constamment renouvelées au cours de notre vie ; chaque cellule a la possibilité de se diviser et de donner deux cellules-filles totalement semblables à la cellule-mère. C'est au cours de cette division que l'on peut observer les **chromosomes** au microscope.
Chaque chromosome est constitué de deux bras réunis en un seul point appelé **centromère**.

2 Le caryotype : carte d'identité de tout être vivant

La réalisation d'un **caryotype** caractéristique de chaque espèce animale ou végétale se fait par la culture de cellules sur des milieux appropriés, qui permettent la division des cellules hors de l'organisme. Certaines techniques permettent d'extraire les chromosomes au moment où leur forme est la plus caractéristique ; les chromosomes sont photographiés et, après agrandissement des photos, classés selon leur taille et leur forme.
On constate alors que pour chaque espèce, toutes les cellules contiennent le même nombre de chromosomes, que l'on peut ranger par paires ; on désigne ce nombre par **$2n$**. Pour l'espèce humaine, $2n = 46$.

3 Une fille et un garçon ont des caryotypes différents

La seule différence entre le caryotype d'une fille et celui d'un garçon porte sur une paire de chromosomes : les **chromosomes sexuels.** Comme il naît presque autant de filles que de garçons, on peut dire que c'est au moment de la fécondation que le sexe de l'enfant futur est déterminé.
Les chromosomes sexuels d'une fille sont identiques : on les appelle **X** et **X** ; les chromosomes sexuels d'un garçon sont différents : on les appelle **X** et **Y**.

> ▶ Toutes nos cellules viennent d'une cellule unique : l'œuf
> C'est par divisions cellulaires successives que l'œuf issu de l'union du gamète mâle et du gamète femelle donnera toutes les cellules qui constituent notre organisme.
> Au cours du développement, les cellules se différencient peu à peu ; elles acquièrent une fonction précise.
> Par exemple, les cellules sanguines qui donneront les hématies ne fabriquent plus que de l'hémoglobine, les cellules musculaires se spécialisent dans la contraction et les cellules du pancréas fabriquent les enzymes pancréatiques. Chaque cellule contient pourtant dans son noyau les potentialités de toutes les autres cellules.

Cellule humaine en division au moment de la métaphase

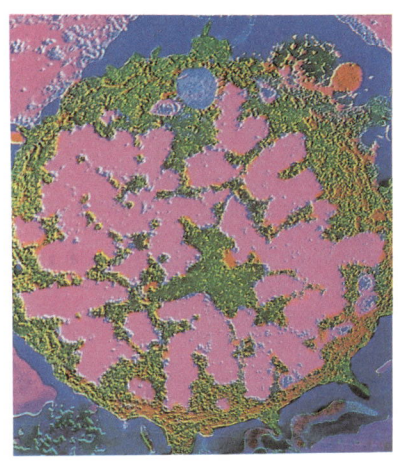

Chromosomes humains

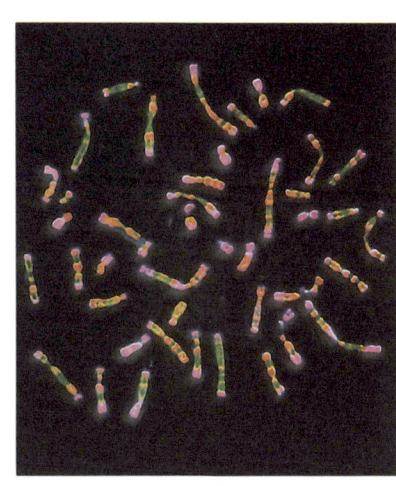

biologie

Caryotype de fille

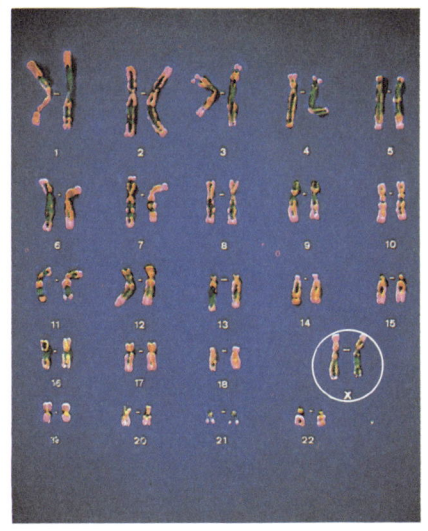

Caryotype de garçon

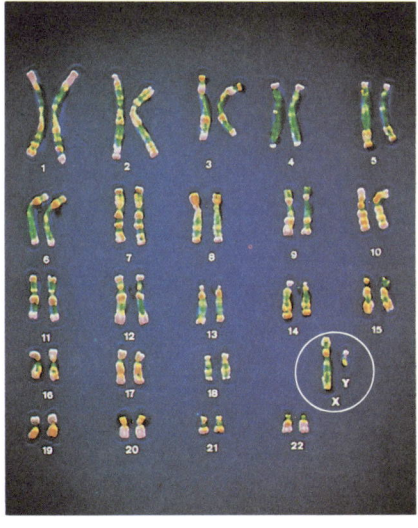

La reproduction et l'hérédité (2)

1 Le patrimoine héréditaire

Le patrimoine héréditaire est constitué d'un ensemble de **caractères** propres à chaque individu : la taille, la masse, la couleur des yeux, la forme du nez et le groupe sanguin. Ces caractères étant héréditaires, on pense qu'ils sont apportés par les chromosomes du père ou par ceux de la mère et qu'ils se retrouvent dès la formation de l'œuf. On connaît la localisation de certains caractères : les groupes sanguins, par exemple, sont déterminés par le chromosome 9.

Le **gène** est la partie du chromosome qui détermine un caractère. Il y aurait environ 50 000 gènes dans l'espèce humaine. À l'heure actuelle, moins de 4 000 d'entre eux sont localisés avec précision. Un long travail de déchiffrage du **génome humain** (ensemble de gènes) est en cours : il exigera de nombreuses années ainsi que la collaboration des généticiens du monde entier.

2 Une anomalie chromosomique peut être à l'origine de maladies

Certains enfants naissent avec des anomalies qui les rendent différents des autres. On a découvert, il y a trente ans, que certaines maladies sont dues à la présence d'un chromosome supplémentaire : c'est le cas du **mongolisme**.

Le caryotype d'un enfant « mongolien » présente trois chromosomes 21, d'où le nom de trisomie 21 donné à cette anomalie. Toutes ses cellules sont anormales : c'est pour cette raison que son physique et ses facultés intellectuelles sont différents de ceux d'un enfant normal.

3 La formation des gamètes et la fécondation

Les **gamètes**, spermatozoïdes et ovules (ovocytes chez la femme), se forment à l'intérieur des glandes reproductrices, testicules et ovaires.

Ces cellules sont élaborées au cours d'une division particulière, appelée **méiose**. Au cours de la méiose, le nombre des chromosomes est divisé par 2 ; il y a donc n chromosomes dans chaque cellule reproductrice (on retrouvera le nombre $2n$ au moment de la fécondation, c'est-à-dire de l'union d'un spermatozoïde et d'un ovule). En raison du nombre important de chromosomes dans l'espèce humaine, il existe de très nombreuses possibilités de répartition des chromosomes d'origine paternelle et maternelle.

Chaque gamète possède un stock de chromosomes unique, c'est-à-dire un **programme génétique original.**

Au moment de la fécondation se produit la réunion de deux cellules originales ; on obtiendra ainsi des individus uniques, nouveaux, mais ressemblant plus ou moins à leurs parents.

Comment les gènes déterminent-ils les groupes sanguins ?

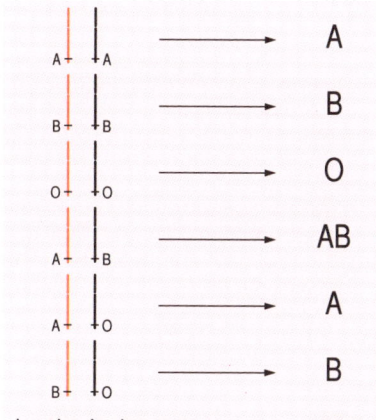

la paire de chromosomes de diverses personnes portant le gène des groupes sanguins

groupes sanguins de ces personnes

Caryotype d'un enfant « mongolien »

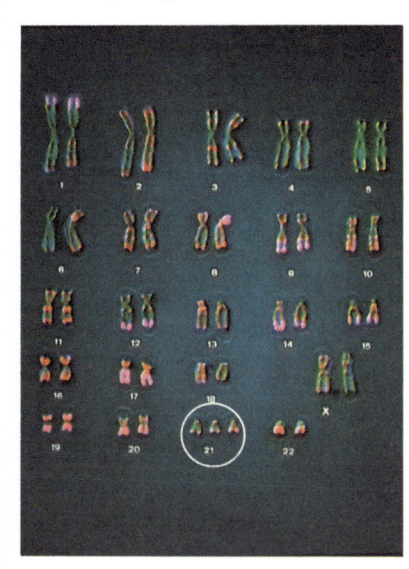

La fécondation chez l'homme

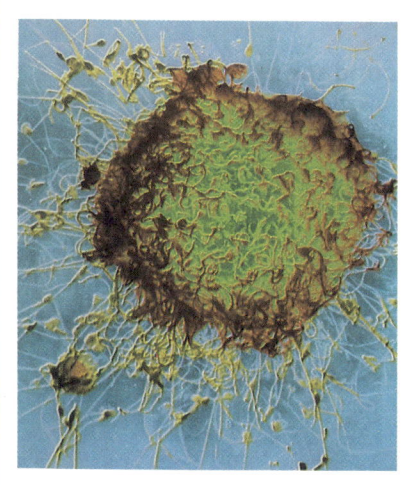

Cellules du pancréas et cellules du sang

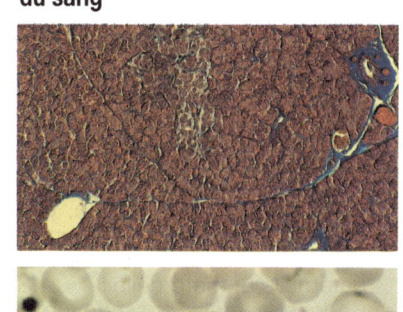
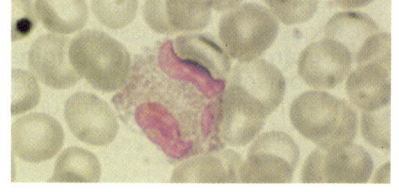

biologie

La digestion

1 Nos aliments

Nos aliments sont d'origines très diverses. En effet, une alimentation normale comporte nécessairement, en plus de l'eau et des sels minéraux, des aliments d'origine animale et d'origine végétale.
Les substances organiques qui servent à notre nourriture sont classées de la façon suivante :
- **glucides :** sucres variés, amidon, cellulose ;
- **protides :** viandes, œufs, poissons, végétaux protéagineux ;
- **lipides :** crème, beurre, graisses, huiles.

2 Nos aliments sont en général formés de molécules non directement assimilables par l'organisme

Mis à part l'eau et les sels minéraux, les aliments ne peuvent pas pénétrer directement dans nos cellules : ils doivent être transformés. Cette transformation consiste à simplifier les macromolécules constituant les aliments en molécules plus petites qui traversent les cellules intestinales pour gagner le sang. Cette simplification moléculaire est appelée **hydrolyse enzymatique.**

3 La digestion « in vitro » de la molécule d'amidon

On peut réaliser la digestion de l'amidon à l'aide de la salive, hors de l'organisme (on dit alors « in vitro », par opposition à « in vivo » : *dans l'organisme*). Il suffit de reconstituer artificiellement les conditions physico-chimiques qui règnent normalement à l'intérieur de la cavité buccale. Il se produit alors une simplification de la molécule d'amidon qui est cassée en molécules plus simples : le **maltose.**
Le maltose peut être absorbé par la paroi intestinale ; cependant, il est souvent transformé en glucose dans l'intestin.

▶ Bilan des transformations enzymatiques dans le tube digestif de l'homme
Les enzymes sont sécrétées tout au long du tube digestif :
— dans la bouche : la sécrétion de salive agit sur l'amidon ;
— dans l'estomac : la sécrétion de suc gastrique agit sur les protéines ;
— dans l'intestin grêle est sécrété le suc intestinal, qui contient de nombreuses enzymes : lactase, lipase, protéases.
Le suc pancréatique est déversé dans l'intestin ; il agit surtout sur les protéines.
Dans l'intestin se trouve aussi de la bile, déversée par la vésicule biliaire. La bile ne contient pas d'enzyme, mais joue un rôle important : elle facilite la digestion des lipides en les émulsionnant.

Nos aliments

Bilan des transformations enzymatiques dans le tube digestif de l'homme

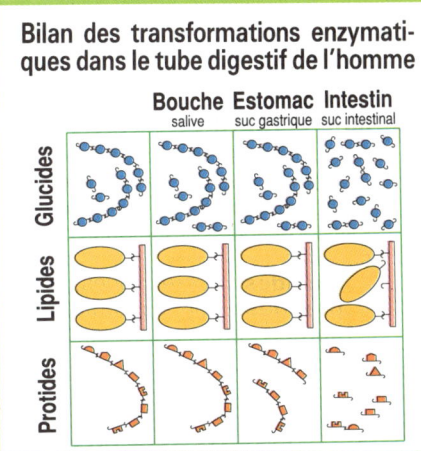

Hydrolyse enzymatique

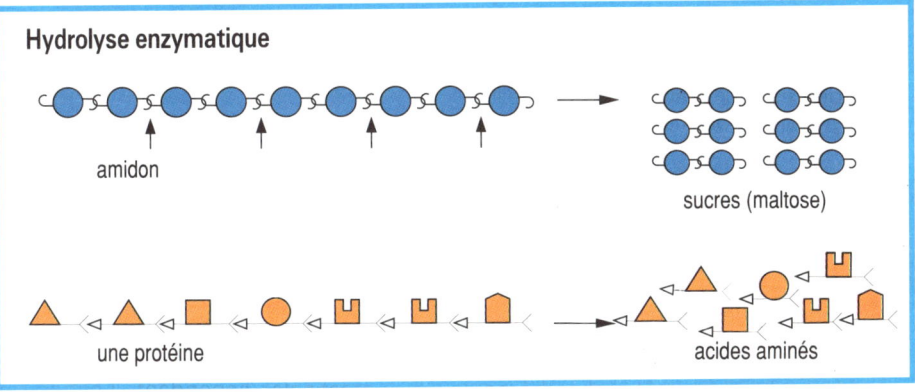

amidon → sucres (maltose)

une protéine → acides aminés

Digestion « in vitro » de l'amidon

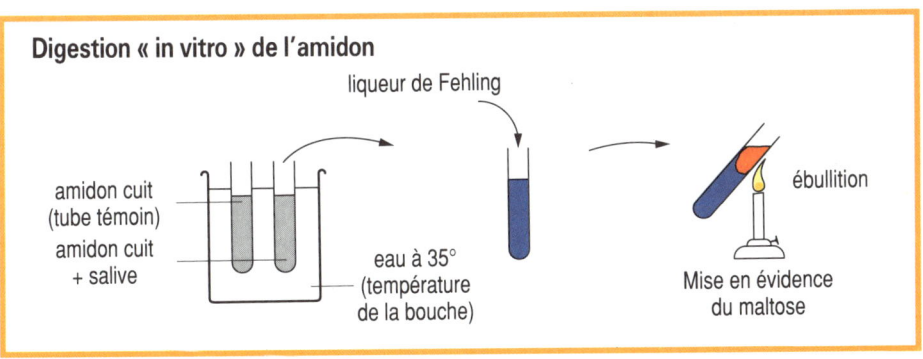

amidon cuit (tube témoin)
amidon cuit + salive
liqueur de Fehling
eau à 35° (température de la bouche)
ébullition
Mise en évidence du maltose

L'assimilation

1 La croissance de l'organisme

Jusqu'à un certain âge, notre organisme se développe (taille et masse). Un apport important de molécules provenant de l'alimentation est indispensable à la synthèse des nouvelles molécules de l'organisme en croissance. Les molécules issues de l'alimentation sont véhiculées par le sang depuis l'intestin et sont réparties dans toutes les cellules où auront lieu les synthèses de matière vivante, en particulier des protéines. Le foie assure la régulation du stockage du glucose.

2 Notre organisme se renouvelle constamment

- Toutes nos cellules, mises à part les cellules nerveuses et les cellules cardiaques, sont constamment renouvelées à des vitesses qui leur sont propres. Aussi, à l'âge adulte où taille et masse sont à peu près constantes, les synthèses continuent. Il est donc nécessaire d'apporter à l'organisme les « matériaux » qui permettront ce renouvellement cellulaire ; ce sont les molécules provenant de l'alimentation : les nutriments.
- L'équilibre entre apports et dépenses énergétiques est la condition d'un développement harmonieux de l'organisme. Le vieillissement cellulaire est dû à une absence de renouvellement des structures cellulaires ; il est souvent à l'origine d'une surcharge pondérale.

3 L'assimilation

À partir d'une alimentation qui procure des molécules ou nutriments suffisamment variés, l'homme est capable de fabriquer sa propre substance.
Pour cela, chacune de nos cellules possède dans son noyau une « information codée » qui dicte l'ordre dans lequel elle doit assembler les acides aminés non spécifiques, provenant de la digestion des protéines ingérées, pour synthétiser des protéines spécifiques.
Toutes les cellules d'un organisme possèdent la même « information codée », mais cette information n'est « traduite » que partiellement dans chaque cellule, en fonction de la spécialisation de la cellule.

L'apport de nutriments (de l'intestin jusqu'aux cellules)

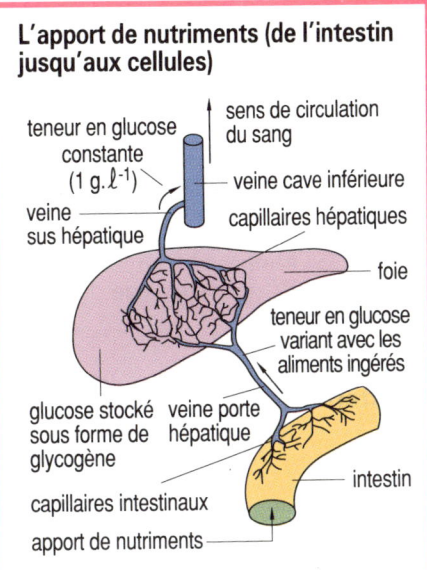

Temps de renouvellement de quelques cellules

Cellules de la paroi de l'intestin grêle	3-5 jours
Cellules de la moelle osseuse	30 jours
Hématies	125-130 jours
Cellules de la rétine	10-15 jours

On constate que la durée de vie des cellules est très différente et que les hématies (sans noyau) peuvent néanmoins vivre longtemps.

Toutes les cellules possèdent un programme codé contenu dans le noyau

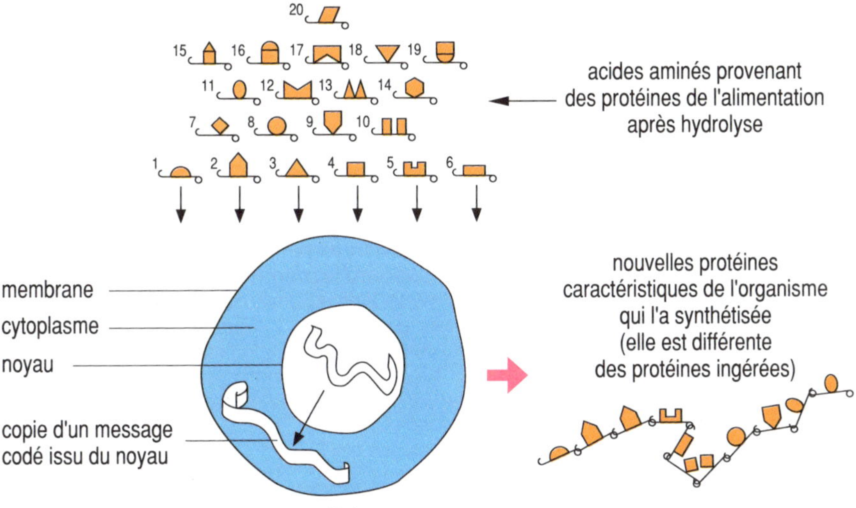

acides aminés provenant des protéines de l'alimentation après hydrolyse

membrane
cytoplasme
noyau

copie d'un message codé issu du noyau

cellule

nouvelles protéines caractéristiques de l'organisme qui l'a synthétisée (elle est différente des protéines ingérées)

La respiration

1 Inspiration et expiration

À intervalles réguliers (16 à 20 fois par minute) la cage thoracique se soulève ou s'abaisse : ces mouvements d'**inspiration** et d'**expiration** assurent l'entrée et la sortie d'air dans les poumons.
Différents muscles (diaphragme, muscles élévateurs des côtes) provoquent, en se contractant, l'agrandissement de la cage thoracique et l'entrée de l'air ; l'expiration est une phase plus passive (relâchement des muscles).
En situation normale, 0,5 litre d'air entre, puis sort des poumons : c'est l'**air courant** ; même en fin d'expiration, les poumons ne sont pas totalement vidés : il reste au moins l'**air résiduel**.

2 Échanges de gaz au cours de la respiration

• Dans les poumons, l'air s'appauvrit en oxygène et s'enrichit en dioxyde de carbone ; cet échange gazeux a lieu au niveau des **alvéoles** pulmonaires.
• L'**hémoglobine** des hématies fixe l'oxygène et le transporte dans tout l'organisme ; le sang oxygéné est d'un rouge plus vif que le sang désoxygéné. Le dioxyde de carbone est surtout transporté par le plasma sanguin (sous forme d'hydrogénocarbonate) et un peu par les hématies.
Les réactions permettant le transport de l'oxygène et du dioxyde de carbone sont réversibles.
• Au niveau de chaque organe et de chaque tissu un autre échange a lieu : l'hémoglobine cède son oxygène aux cellules ; en contrepartie, les cellules cèdent du dioxyde de carbone au sang. Le véritable phénomène respiratoire se déroule donc dans chaque cellule.

Respirer pour récupérer de l'énergie

Le sang assure par ailleurs l'apport de **nutriments** aux cellules des divers organes. Une partie de ces nutriments, en présence d'oxygène, sert de **« carburant »** : des réactions d'oxydations se déroulent dans toutes les cellules et ont pour but de récupérer de l'**énergie** ainsi dégagée. L'énergie est stockée dans une molécule originale : l'**A.T.P.** (adénosine-tri-phosphate) ; l'A.T.P. est ensuite utilisé pour diverses activités cellulaires (mouvements, synthèses).
Cette récupération d'énergie s'accompagne d'un rejet de déchets (CO_2, H_2O) qui sont éliminés par les poumons.

▶ Le **monoxyde de carbone** (CO) est un poison de la respiration car il se fixe de manière irréversible sur l'hémoglobine et empêche ainsi la fixation de l'O_2.

Les mouvements respiratoires

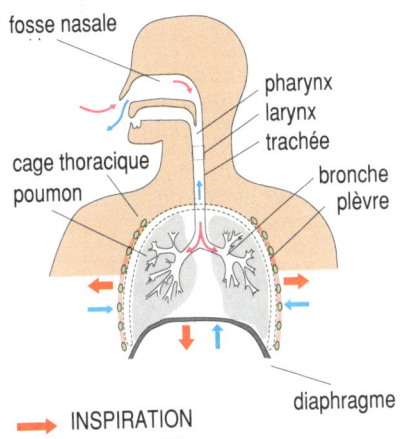

→ INSPIRATION
← EXPIRATION

L'activité des muscles respiratoires est réglée par un centre nerveux (le bulbe rachidien).

Les capacités respiratoires

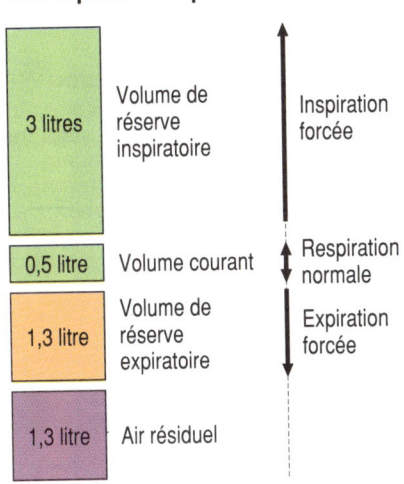

Au maximum de leur remplissage, les poumons contiennent 6 litres d'air.

Les échanges gazeux dans les poumons et les cellules

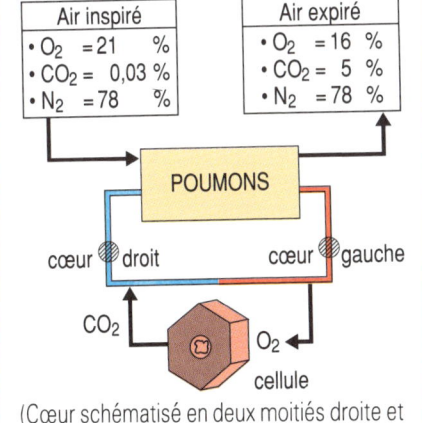

(Cœur schématisé en deux moitiés droite et gauche)

Respirer, c'est produire de l'A.T.P.

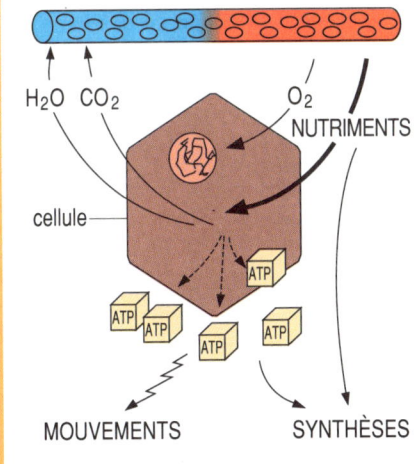

# Les reins et l'urine / la fonction d'excrétion

1 L'appareil urinaire

L'appareil urinaire est constitué de 2 **reins** dans lesquels se forme l'**urine**, acheminée à la **vessie** par 2 **uretères**. L'urine est ensuite rejetée par l'**urètre**. Chaque rein contient environ un million de **néphrons** ou tubes urinaires, très richement vascularisés : c'est ici que se forme l'urine.

2 L'élaboration de l'urine

Comparons l'urine et le plasma sanguin :

	Urine (en g/l)	Plasma (en g/l)
Eau	950	910
Protides	0	69
Lipides	0	4-6
Glucose	0	1
Chlorure de sodium	8-10	7
Sulfates	1,4 à 3,5	0,045
Urée	20 à 30	0,3
Ac. urique	0,3 à 0,6	0,03
Ammoniaque	0,5	0
Pigments	1	0

— il existe dans le plasma et l'urine des substances identiques (eau - NaCl) ;
— il existe dans le plasma des substances que l'on ne retrouve pas dans l'urine (protides, lipides, glucides) ;
— il existe des substances qui se trouvent à taux élevé (et variable) dans l'urine alors qu'elles se trouvent à taux faible dans le plasma (urée, acide urique).
Les reins fonctionnent donc comme des filtres sélectifs. Ils éliminent des substances-déchets issues du fonctionnement de l'organisme et, éventuellement, des substances étrangères souvent toxiques (drogues, médicaments, poisons, nicotine).
Par ailleurs, ils ont un rôle régulateur essentiel, car ils permettent de maintenir à taux constants les divers composants du milieu intérieur.
Ils sécrètent enfin des pigments, des acides organiques et de l'ammoniaque.

> ▶ Diverses maladies peuvent affecter l'appareil urinaire :
> — un mauvais fonctionnement du néphron : il faut alors réaliser une hémodialyse en attendant une greffe de rein ;
> — une obturation des voies urinaires par dépôts de calculs ; on peut dans certains cas les dissoudre ou les broyer. Aujourd'hui, il est possible de les transformer en fines poussières grâce à un appareil appelé lithotriteur.

Coupe longitudinale d'un rein

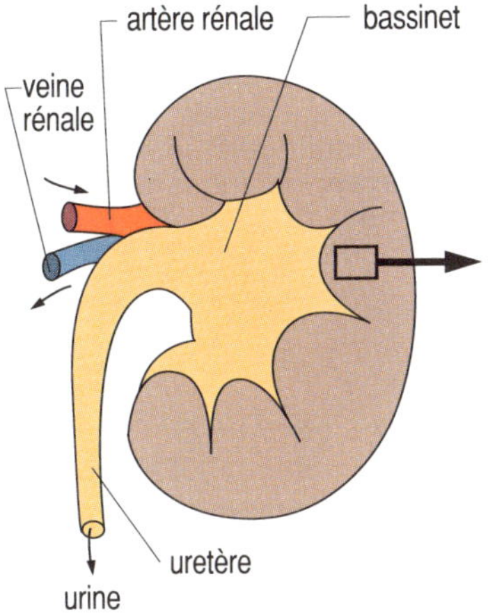

- artère rénale
- bassinet
- veine rénale
- uretère
- urine

Détail d'un tube urinaire ou néphron

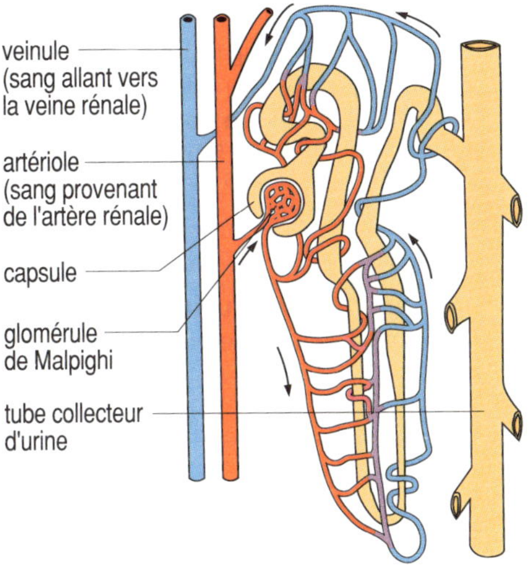

- veinule (sang allant vers la veine rénale)
- artériole (sang provenant de l'artère rénale)
- capsule
- glomérule de Malpighi
- tube collecteur d'urine

biologie

Fonctionnement du tube urinaire

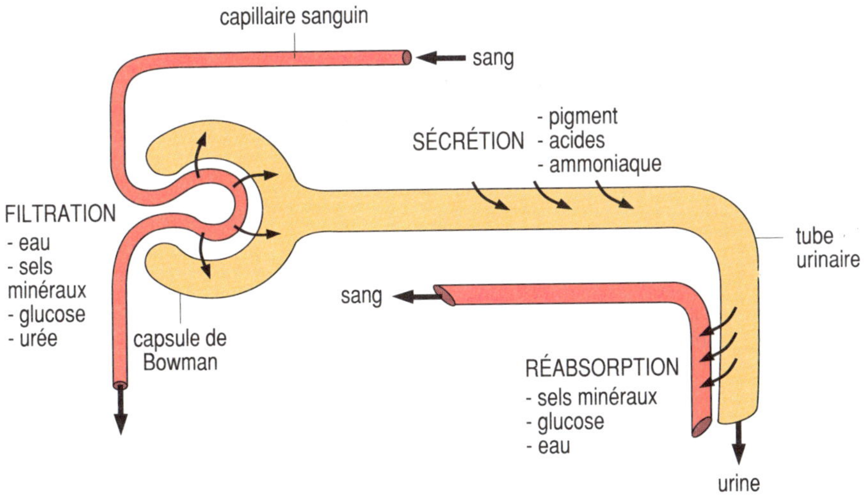

- capillaire sanguin
- sang

SÉCRÉTION
- pigment
- acides
- ammoniaque

FILTRATION
- eau
- sels minéraux
- glucose
- urée

capsule de Bowman

sang

tube urinaire

RÉABSORPTION
- sels minéraux
- glucose
- eau

urine

159

L'alimentation

1 Pourquoi s'alimenter ?

• Nous consommons chaque jour 2 à 3 kg d'aliments et de boissons, soit près d'une tonne par an ! Chaque pays, chaque région, chaque individu a ses habitudes alimentaires, mais pour tous, manger est un besoin quotidien... et dans le monde des millions d'enfants et d'adultes ne mangent pas à leur faim.
• Chez les enfants, les aliments permettent la **croissance,** c'est-à-dire la construction de « matériaux » nécessaires à la formation de nouvelles cellules.
• Chez les adultes – et aussi chez les enfants – une partie des aliments est utilisée pour **compenser les pertes** quotidiennes (cellules mortes, eau, sels minéraux, substances organiques perdues avec la sueur et l'urine).
• Une partie des aliments consommés est oxydée dans nos cellules au cours de la respiration : l'**énergie** récupérée est utilisée pour le fonctionnement des diverses cellules.

2 Les vitamines

Les vitamines, substances organiques très variées, n'entrent pas dans la construction de nos cellules ; nécessaires à faibles doses, elles activent de nombreuses réactions. Une alimentation variée apporte facilement toutes les vitamines indispensables.

3 Bien équilibrer ses repas

Équilibrer son alimentation n'est pas un jeu de hasard, c'est une science : la **diététique.** Le respect de quelques règles élémentaires suffit à maintenir cet équilibre :
– sur le plan énergétique les glucides doivent représenter 58 % de la ration, les lipides 30 % et les protides 12 % ;
– le petit déjeuner, le déjeuner, le goûter et le dîner doivent assurer respectivement 25 %, 40 %, 10 %, 25 % des apports énergétiques journaliers ;
– ne pas négliger les aliments d'origine végétale (légumes verts, fruits, etc.) ;
– adapter ses repas en fonction de son âge, de son sexe, de son activité physique et du climat.

▶ Les **protéines,** molécules organiques les plus abondantes, sont fondamentales dans notre organisme en tant que **« matériaux de construction »**

Le **« poids idéal »** : $M = (T - 100) - \left(\dfrac{T - 150}{X}\right)$

M : masse en kg, T : taille en cm, X = 4 pour un homme et 2 pour une femme.

L'alimentation de l'adulte

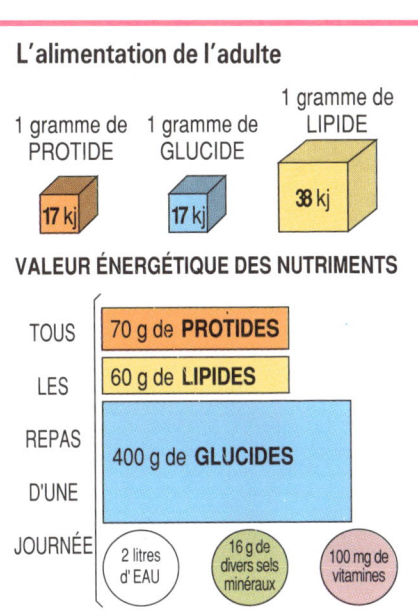

1 gramme de PROTIDE — 17 kj
1 gramme de GLUCIDE — 17 kj
1 gramme de LIPIDE — 38 kj

VALEUR ÉNERGÉTIQUE DES NUTRIMENTS

TOUS LES REPAS D'UNE JOURNÉE :
- 70 g de PROTIDES
- 60 g de LIPIDES
- 400 g de GLUCIDES
- 2 litres d'EAU
- 16 g de divers sels minéraux
- 100 mg de vitamines

Besoins journaliers en vitamines

Vita-mines	Où les trouver?	Avitaminoses
B_1 1,5 mg	lait, légumes verts, fruits, œuf, viande	Béri-Béri : troubles nerveux, paralysie, lésion de la peau.
B_2 1,8 mg	lait, légumes, céréales, œuf	Lésions des lèvres, gencives, peau.
C 60-100 mg	fruits, légumes	Scorbut : chutes des dents, hémorragies.
A 1 mg	beurre, œuf, viandes, poissons, légumes	Arrêt de croissance. Troubles de la vision.
D 0,001 mg	lait, beurre, œuf, poissons	Rachitisme
K ?	légumes, céréales, œuf	Mauvaise coagulation du sang.

biologie

À chaque âge, ses besoins énergétiques *(en kJ par jour)*

- 7-9 ans : 9200
- 10400
- 13-15 ans → femme 8400 / homme 11300
- 12100
- femme âgée 5900
- homme âgé 7900

Activités et dépenses énergétiques *(en kJ par heure)*

- sommeil 250
- marche 750
- course (7 km/h) 1250
- ménage 1050
- tennis 1700-2500

L'activité cardiaque

1 Les contractions du cœur

- Le cœur est un muscle creux constitué de quatre cavités (deux oreillettes, deux ventricules). Il se **contracte** spontanément en moyenne 70 fois par minute ; le **pouls** est un battement régulier perçu sur les artères superficielles, correspondant à une « onde de choc » issue des contractions cardiaques.

- Chaque révolution cardiaque comprend trois phases :
  – la **diastole** : phase de repos et de remplissage des oreillettes ;
  – la **systole auriculaire** : contraction des oreillettes qui propulsent le sang dans les ventricules ;
  – **la systole ventriculaire** : contraction des ventricules qui propulsent le sang dans les artères.

2 Artères, veines et capillaires

- Le cœur propulse le sang dans un réseau clos de vaisseaux sanguins... réseau dont la longueur totale est estimée à 100 000 km.
Les **artères,** vaisseaux à parois élastiques assez épaisses, conduisent le sang du cœur aux divers organes. Les **veines,** vaisseaux à parois plus minces, peu élastiques, ramènent le sang des organes jusqu'aux oreillettes.

- Dans chaque organe, un réseau de très fins conduits, les **capillaires,** assure la liaison entre les artérioles et les veinules ; dans les capillaires, le sang circule régulièrement et sous basse pression ; une partie du plasma et quelques leucocytes peuvent sortir des capillaires et constituer la **lymphe,** liquide alimentant les cellules en nutriments et en oxygène.

3 Adaptation du rythme cardiaque

- Lorsque les muscles accroissent leur activité, leurs besoins en oxygène et en nutriments augmentent.

- Au cours d'un exercice musculaire, la fréquence des battements cardiaques augmente ; le **débit cardiaque** (quantité de sang éjectée par le cœur chaque minute) passe de 5 litres à 20 litres au maximum ; les muscles sont alors mieux irrigués : il y a donc **adaptation de l'activité cardiaque** aux besoins de l'organisme.

> ▶ **Maladies cardio-vasculaires :**
> – **athérosclérose :** dépôt de lipides dans la paroi des artères ;
> – **infarctus du myocarde :** formation d'un caillot dans les vaisseaux irriguant le cœur provoquant la dégénérescence locale du myocarde.

Les phases de la révolution cardiaque

① DIASTOLE GÉNÉRALE — veines caves, veines pulmonaires, remplissage des oreillettes, puis lentement des ventricules (droite, gauche)

② SYSTOLE AURICULAIRE — sang chassé par contraction des oreillettes dans les ventricules

④ SYSTOLE VENTRICULAIRE — artère pulmonaire, aorte, éjection du sang dans les artères par contractions des ventricules

③ mise sous pression du sang des ventricules

Circulation pulmonaire et circulation générale

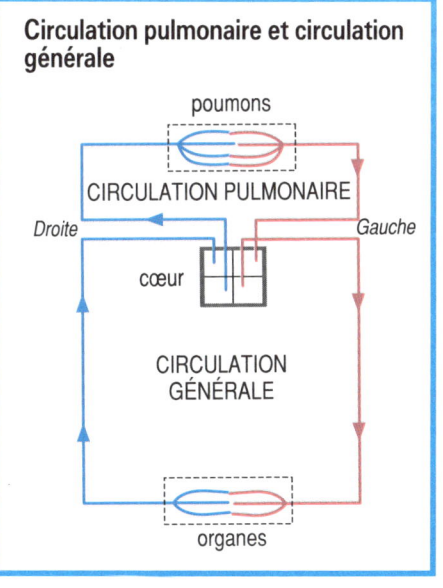

poumons — CIRCULATION PULMONAIRE — Droite / Gauche — cœur — CIRCULATION GÉNÉRALE — organes

Activité physique et fréquence des contractions cardiaques

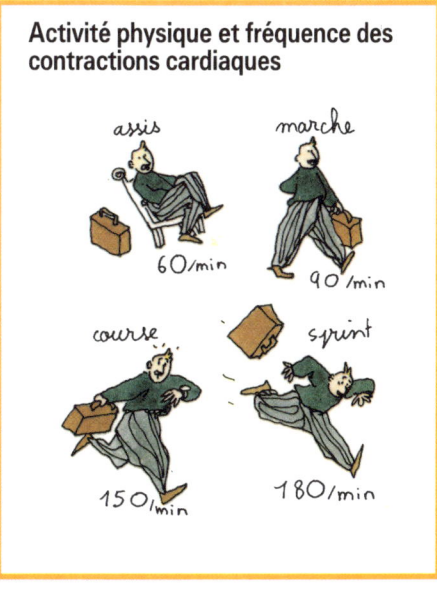

assis 60/min — marche 90/min — course 150/min — sprint 180/min

biologie

163

Les comportements humains

1 De l'excitation à la réaction

• Notre organisme est constamment sollicité par des **excitations** (ou stimuli) de notre environnement : bruits, lumière, odeurs, chocs, saveurs font partie de notre vie quotidienne. Si le stimulus est très agressif (une piqûre par exemple), l'organisme se défend par une réaction immédiate, un **réflexe** : le retrait de la main éloigne la peau de l'objet piquant.

• La réaction réflexe nécessite toute une série d'organes : peau, nerfs, centre nerveux, muscles.

2 Les étapes d'un comportement réflexe

• La **peau** est sensible à de nombreux stimulis : chaleur, pression, piqûre ; le derme, surtout, contient des **terminaisons nerveuses sensitives,** points de départ de sensations tactiles. Un **message nerveux,** série de phénomènes électriques ou **potentiels d'action,** circule dans un **nerf sensitif** en direction d'un centre nerveux.

• Le message nerveux parvient à la **moelle épinière,** puis au **cerveau : l'aire sensorielle tactile** analyse l'information qui lui parvient ; ainsi naît une **sensation** tactile qui permet d'identifier l'objet touché même sans l'avoir vu.

• La **zone motrice** du cerveau crée un nouveau message qui transite par la moelle épinière et, par un **nerf moteur,** parvient aux muscles chargés de la réaction. Dans la plupart des réflexes la moelle épinière suffit pour acheminer le message, la réaction, le cerveau ne faisant que contrôler le mouvement.

• Dans ces circuits nerveux, les messages circulent dans des cellules très spécialisées situées dans la moelle épinière et dans le cerveau : les **neurones.** Ces cellules ramifiées, géantes, connectées entre elles, forment des réseaux complexes dans les centres nerveux et se prolongent aussi dans les nerfs.

3 Le système nerveux est vulnérable

• Notre système nerveux est sans cesse sollicité par les éclairages artificiels, par les bruits de la vie citadine, par les odeurs de substances polluantes : il n'est pas étonnant qu'il se **fatigue** ; le calme et le sommeil doivent compenser ces excès.

• L'**alcool** est un véritable poison pour le système nerveux ; il entraîne des pertes de mémoire, des somnolences ainsi qu'un ralentissement des réflexes.

• Les **drogues** (haschich, héroïne...) produisent de brefs effets euphorisants, mais conduisent à un **état de dépendance,** et leur usage répété aboutit à de très graves désordres nerveux (folie, voire mort).

▶ Le **tabac**, drogue « douce », dont le commerce est légal, provoque de graves lésions des poumons, du cœur et des vaisseaux et, par contrecoup du système nerveux.

De l'excitation à la réaction

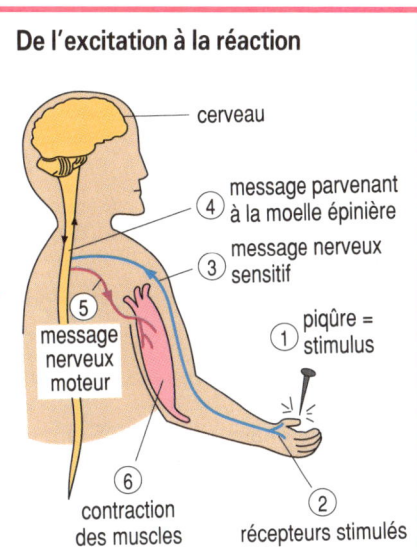

Le chemin complexe suivi par le message nerveux.

Les éléments du système nerveux

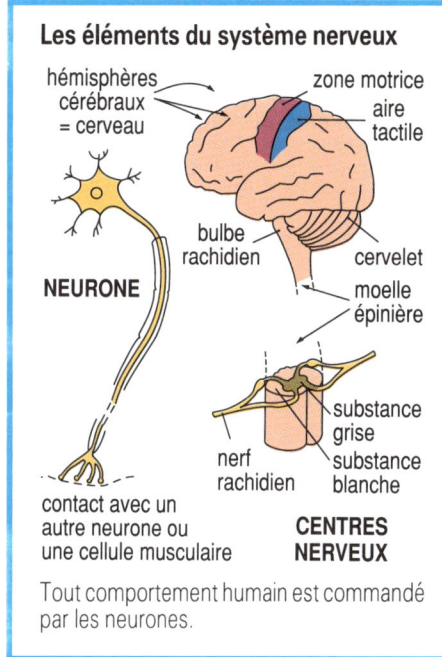

Tout comportement humain est commandé par les neurones.

Le message nerveux

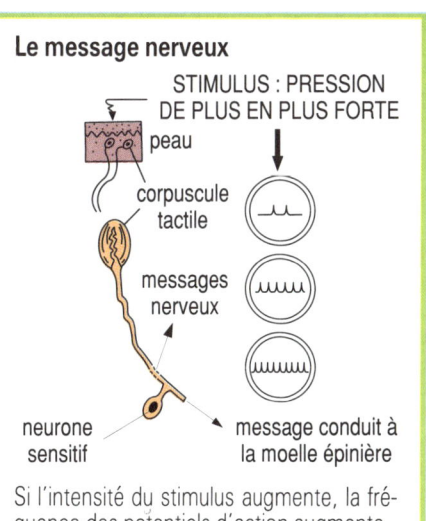

Si l'intensité du stimulus augmente, la fréquence des potentiels d'action augmente.

Le système nerveux agressé

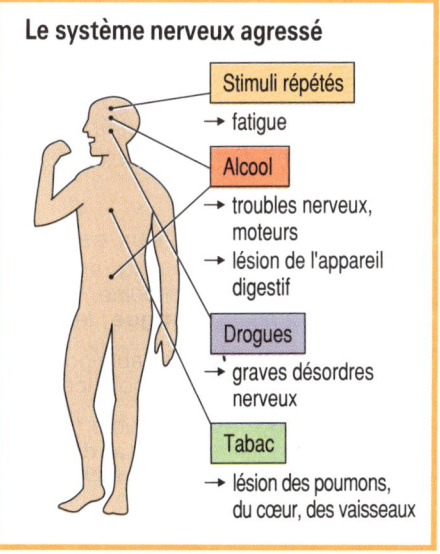

Se défendre contre les microbes

1 L'infection d'une plaie
- Une **blessure** de la peau est une brèche dans laquelle pénètrent les microbes présents sur la peau, dans l'air ou sur les objets que nous touchons.

- L'entrée des microbes (en général des **bactéries**) déclenche une réponse de l'organisme :
  – les capillaires se dilatent localement (rougeur) ;
  – du plasma et des **leucocytes** (granulocytes) sortent des capillaires (gonflement).

Les granulocytes ingèrent les microbes **(phagocytose)** et tentent de les digérer pour les éliminer ; ils peuvent être aidés dans leur travail de phagocytose par de grosses cellules issues du sang ou des tissus, les **macrophages.**
Si la destruction des microbes est incomplète, ceux-ci passent dans la lymphe et se heurtent à une deuxième ligne de défense, les **ganglions lymphatiques.** Si cette barrière ne suffit pas, tout l'organisme est envahi : c'est la **septicémie,** souvent mortelle.

2 La sécrétion d'anticorps, une réponse humorale
- La plupart des infections microbiennes s'accompagnent de l'apparition dans le plasma de protéines spécifiques, les **anticorps.** Les anticorps, molécules en forme de Y, sont capables de se fixer sur des molécules propres aux bactéries, les **antigènes ;** la réaction anticorps-antigène neutralise les microbes et favorise leur élimination.

- Les antigènes sont phagocytés par les macrophages, puis présentés à certains leucocytes, les **lymphocytes B ;** ces lymphocytes, alors activés, se multiplient et se transforment en **plasmocytes** sécréteurs d'anticorps spécifiques des antigènes présentés : les anticorps passent dans la circulation et neutralisent les antigènes. Cette réaction est qualifiée de **défense immunitaire à médiation humorale.**

3 Des cellules tueuses
Dans certaines maladies microbiennes (la tuberculose...), il n'y a pas sécrétion d'anticorps. Les macrophages phagocytent les antigènes, les présentent à une deuxième catégorie de lymphocytes, les **lymphocytes T.** Ceux-ci, activés, se divisent et se transforment en **« cellules tueuses »,** cellules sécrétant diverses substances, dont des enzymes capables de détruire par contact diverses cellules (bactéries, cellules étrangères). Cette réaction est qualifiée de **défense immunitaire à médiation cellulaire.**

▶ Grâce à des lymphocytes gardant la « trace » de leur contact avec l'antigène, les réponses immunitaires sont **mémorisées.**

La défense immunitaire
Ⓐ à médiation humorale
Ⓑ à médiation cellulaire

Phagocytose d'une bactérie par un macrophage

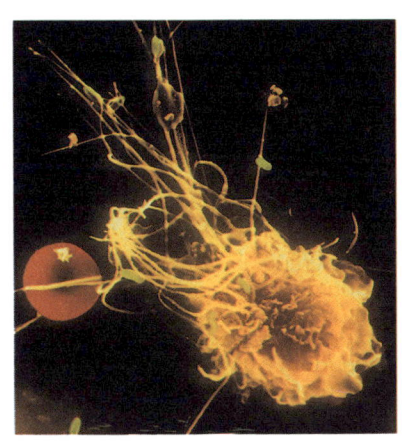

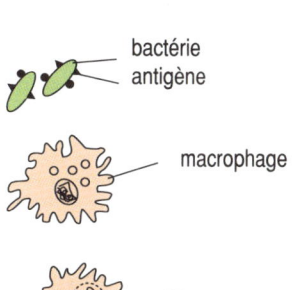

bactérie antigène

macrophage

① phagocytose des antigènes

Ⓐ lymphocyte B

② présentation des antigènes aux lymphocytes B

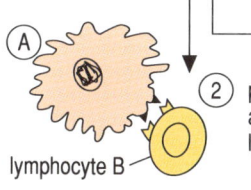

③ division, activation des lymphocytes B

plasmocyte

④ sécrétion d'anticorps

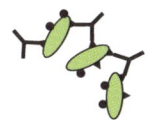

⑤ neutralisation des antigènes par les anticorps

Ⓑ macrophage

② présentation des antigènes aux lymphocytes T

lymphocyte T

③ division, activation des lymphocytes T

④ transformation en cellules-tueuses

⑤ destruction des cellules étrangères par les cellules-tueuses

cellule-tueuse

cellule étrangère

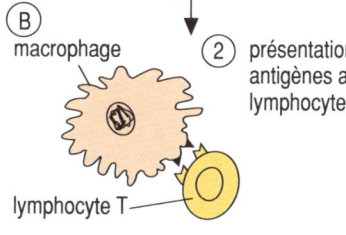

La médecine et les défenses immunitaires

1 Les greffes

- Faire une **greffe**, c'est remplacer un tissu ou un organe par un autre, prélevé sur une autre personne. Dans la plupart des cas, le **greffon** est détruit : il y a **rejet de greffe**. Excepté si le greffon provient de son propre corps (ou de son vrai jumeau), le tissu greffon est reconnu comme étranger, comme appartenant au **non-soi** et donc détruit, en particulier, par les cellules-tueuses (lymphocytes T).
On peut greffer des poumons, un foie, un cœur, un rein avec une certaine probabilité de succès si les antigènes du **donneur** de greffon ont une forte ressemblance avec ceux du **receveur**.

- Une **transfusion sanguine** est une variété de greffe avec un tissu liquide, le sang. En considérant les principaux antigènes des hématies (antigènes A et B), on caractérise quatre **groupes sanguins** (A, B, AB, O). Certains sujets possèdent un antigène Rhésus (Rh^+) alors que les autres ne le possèdent pas (Rh^-).
En respectant les groupes déterminés par les antigènes A, B et Rhésus (8 groupes au total), on peut transfuser sans problème du sang d'une personne à une autre.

2 Vaccins et sérums

- **Vacciner**, c'est inoculer, à un sujet non malade, un agent infectieux rendu non nocif pour provoquer une défense immunitaire (humorale ou cellulaire) ; le **vaccin** est soit le microbe tué, soit le microbe à toxicité atténuée, soit une toxine atténuée du microbe.

- La **sérothérapie** consiste à inoculer des anticorps spécifiques d'une maladie à un sujet malade ou susceptible de l'être ; ces anticorps sont présents dans le **sérum** (plasma sans fibrinogène) d'un animal (parfois d'un homme) ayant reçu des antigènes. On peut combiner sérothérapie et vaccination.

3 Troubles de la réponse immunitaire

- Certains enfants ont, dès la naissance, une grave défaillance de leurs défenses immunitaires, par exemple l'incapacité à sécréter des anticorps ; dans ce cas, ces enfants sont très vulnérables aux infections microbiennes. Seule une greffe de moelle osseuse, productrice de lymphocytes, peut rétablir une défense normale.

- Parfois, par erreur, l'organisme ne reconnaît pas ses propres tissus et sécrète des anticorps dirigés contre lui-même : on parle de **maladies auto-immunes** (exemple : le diabète des jeunes, certains rhumatismes).

> ▶ Le **virus du SIDA** (syndrome d'immunodéficience acquise) détruit spécifiquement certains lymphocytes T ; l'organisme devient ainsi vulnérable à de nombreuses maladies dites « opportunistes ».

Les greffes

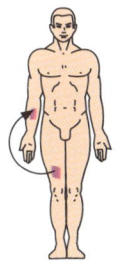

AUTOGREFFE
greffe de peau
d'un point à
un autre du
corps d'un
même individu

réussite
de la greffe

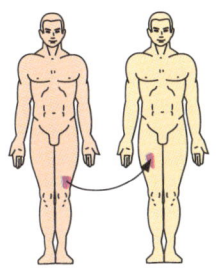

HOMOGREFFE
greffe de peau
d'un individu
à un autre individu
génétiquement
différent

faible probabilité
de réussite sans
précautions
particulières

Les groupes sanguins A B O

Groupe ↓	Antigène des hématies	Anticorps du plasma	% en France
A	A	anti-B	45 %
B	B	anti-A	9 %
AB	A et B	pas d'anticorps	3 %
O	pas d'antigène	anti-A et anti-B	43 %

Chaque groupe A, B, AB, O peut être Rh^+ ou Rh^-.

Comparaison vaccin et sérum

Vaccin	Sérum
Action spécifique	Action spécifique
Immunisation active	Immunisation passive
Immunisation lente (nécessité de rappels)	Immunisation immédiate
Action durable (plusieurs années)	Action passagère
Usage à titre préventif (vaccinations obligatoires)	Usage à titre curatif

Un « bébé-bulle »

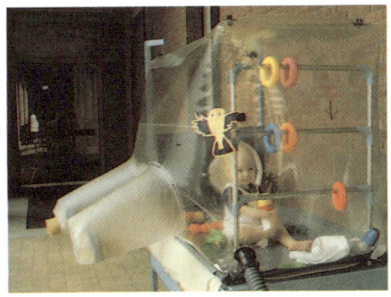

Une bulle à atmosphère stérile protège cet enfant des infections microbiennes en attendant une greffe de moelle osseuse qui pourra rétablir une défense immunitaire efficace.

biologie

L'utilisation des micro-organismes

1 Les micro-organismes jouent un rôle fondamental dans la fabrication des produits alimentaires

• Le pain et le vin sont fabriqués grâce aux levures. Ces levures sont des micro-organismes appartenant aux champignons unicellulaires. Ils tirent des sucres l'énergie nécessaire à leur développement, en les transformant en alcool et en dioxyde de carbone. Cette transformation en l'absence d'oxygène est une **fermentation**.

Dans la fabrication du pain, la fermentation de sucres issus de l'amidon de la farine fait « lever » la pâte et donne au pain son aspect caractéristique.

Dans la fabrication du vin et des boissons alcoolisées, l'alcool provient aussi de sucres fermentés par les levures. Dans les deux cas, on parle de fermentation alcoolique :

$$\text{sucres} \xrightarrow{\text{[levures]}} \text{alcool} + CO_2 + \text{énergie}$$

• Les produits laitiers fermentés (fromages - yaourts) ainsi que les conserves fermentées (choucroute, ...) sont obtenus grâce à l'action de bactéries. Dans le yaourt, par exemple, sont associés bacilles lactiques et streptocoques.

2 Les micro-organismes sont aujourd'hui indispensables pour obtenir certains produits médicamenteux

• La vitamine B_{12}, indispensable à l'alimentation animale et humaine, est produite par des bactéries.

• De nombreux antibiotiques sont obtenus à partir de moisissures cultivées dans des fermenteurs. Ces fermenteurs permettent le contrôle de tous les paramètres indispensables à la culture des moisissures dans des conditions optimales.

• On peut obtenir, après manipulation génétique de certaines bactéries, de « nouveaux » vaccins très purs et sans risque pour l'organisme.
Ces techniques sont également à l'origine de l'obtention d'hormones, comme l'hormone de croissance qui permet de soigner des troubles de la croissance, ou l'insuline qui permet de soigner le diabète.

Levures vues au microscope

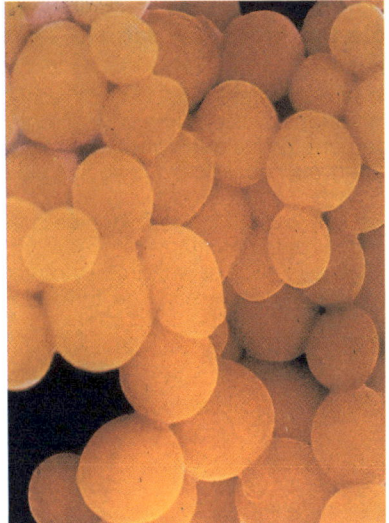

Bactérie en microscopie électronique

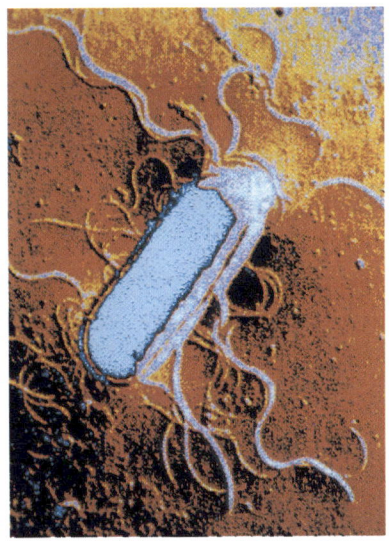

Technique d'obtention de l'hormone de croissance par génie génétique

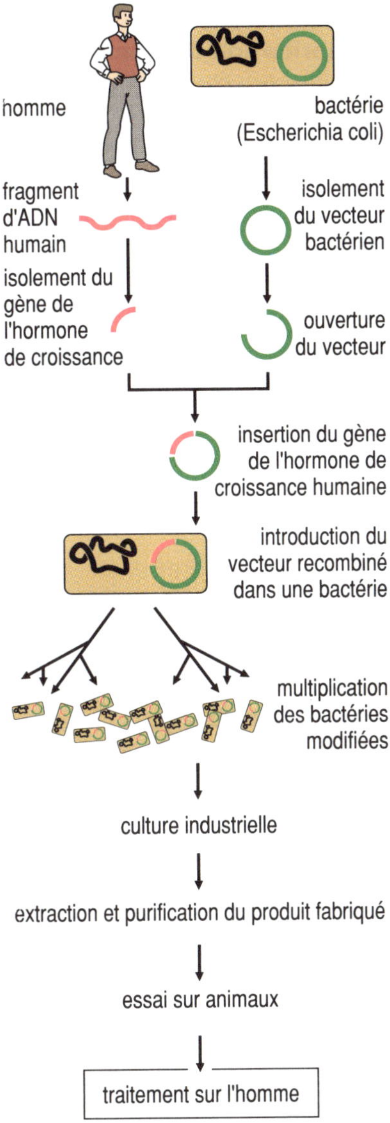

homme → fragment d'ADN humain → isolement du gène de l'hormone de croissance

bactérie (Escherichia coli) → isolement du vecteur bactérien → ouverture du vecteur

↓

insertion du gène de l'hormone de croissance humaine

↓

introduction du vecteur recombiné dans une bactérie

↓

multiplication des bactéries modifiées

↓

culture industrielle

↓

extraction et purification du produit fabriqué

↓

essai sur animaux

↓

traitement sur l'homme

biologie

Index

Français

accents, 26
adjectif, 12, 16, 20, 28, 29
– indéfini, 28
– qualificatif, 16, 20, 28
adverbe, 12, 16, 28, 29
alexandrin, 22, 23
allégorie, 27
alliance de mots, 27
allitération, 22
anacoluthe, 27
analyse grammaticale, 28
anaphore, 27
antiphrase, 27
antithèse, 27
antonomase, 27
apostrophe, 26, 29
apposition, 11, 18, 29, 30
assonancé, 22
attelage, 27
attribut du C.O.D., 29
attribut du sujet, 29, 30
auxiliaire, 35
cédille, 26
césure, 22, 23
chiasme, 27
classes grammaticales, 28
C.O.D., 29, 30, 35
C.O.I., 29, 30
comparaison, 20, 21
comparatif, 20
complément circonstanciel, 12, 14, 16, 18, 20, 29, 30
– d'opposition, 16
– de cause, 10
– de comparaison, 20
– de concession, 16
– de condition, 18
– de conséquence, 12
– de but, 14
complément d'agent, 29, 30
complément de détermination de l'adjectif, 30
complément de l'adjectif, 30

complément du nom, 29, 30
complétive, 30, 31
concession, 16
concordance des temps, 8
condition, 18
conditionnel, 18, 31, 32
conjonction de coordination, 11, 12, 18, 20, 28
conjonction de subordination, 9, 10, 12, 14, 16, 20, 28
consonne, 22, 23
contre-rejet, 22, 23
conventions d'écriture, 24
coordination, 11, 12, 18, 20
crochets, 25
déterminant, 28
deux points, 24
dialogue, 25
diérèse, 22, 23
discours direct, 8, 24, 25
discours indirect, 8
discours indirect libre, 9
ellipse, 27
enjambement, 22, 23
épithète, 30
euphémisme, 27
figures de rhétorique, 27
futur, 33
futur antérieur, 34
gérondif, 10, 16, 18
gradation, 27
groupe nominal, 10, 14, 16, 18, 20
guillemets, 25
hémistiche, 22, 23
hypallage, 27
hyperbole, 27
hypothèse, 18
imparfait, 33
indicatif, 10, 12, 14, 16, 18, 29, 31-34
interjection, 8, 9, 24, 28
interrogation directe, 24

interrogation indirecte, 9
juxtaposition, 11, 12, 18, 20
litote, 27
locution conjonctive, 10, 12, 14, 16, 20
locution prépositive 10, 12, 14, 16, 18, 20
majuscules, 25
mesure, 22
métaphore, 21, 27
métonymie, 27
mètre, 22
modes, 8, 19, 32
nom, 12, 16, 28, 29
noms communs, 28
noms propres, 25
opposition, 16
oxymoron, 27
paradoxe, 27
parenthèses, 25
paronomase, 27
participe passé, 35
participe présent, 16
passé antérieur, 34
passé composé, 34
passé simple, 33
périphrase, 27
phrase hypothétique, 19
– impérative, 18
– interrogative, 18
pléonasme, 27
plus-que-parfait, 34
point, 24
point-virgule, 24
point d'exclamation, 24
point d'interrogation, 24
point de suspension, 24
ponctuation, 8, 11, 12, 24
possessif, 8, 9
préposition, 10, 12, 14, 16, 18, 28
présent, 33
prétérition, 27

pronom, 20, 28
– indéfini, 28
– interrogatif, 28, 30
pronom personnel, 8, 9, 28
pronom relatif, 16, 28, 30
proposition indépendante, 18
– participiale, 10, 18
– relative, 18, 30
– subordonnée, 8, 10-12, 14, 16, 18, 32
– subordonnée circonstancielle, 10, 12, 14, 16, 18, 32
– subordonnée relative, 11, 12, 14
prosopopée, 27
récit, 8, 24
redondance, 27
rejet, 22, 23
rime, 22, 23
signes diacritiques, 26
strophe, 23
subjonctif, 14, 15, 18, 31, 32
subordination inverse, 10
sujet, 29, 30, 35
superlatif, 20
syllepse, 27
synecdoque, 27
synérèse, 22
temps, 8, 19, 33
tétramètre, 22, 23
tiret, 25
trait d'union, 26
tréma, 26
verbes, 8, 12, 28
– pronominaux, 35
versification, 22
vers, 22, 23, 25
virgule, 24
voyelle, 22, 23
zeugma, 27

Mathématiques

addition vectorielle, 54
agrandissement, 47, 49

angle, 42, 43, 50, 52
– au centre, 50

– inscrit, 50, 51
application affine, 66

– constante, 66
– linéaire, 66, 73

Index

augmentation, 72
axe de symétrie, 42, 43
calculatrice, 51, 61
calcul littéral, 58
– numérique, 58
caractère quantitatif discontinu, 68
carré, 43
carré d'un radical, 60
centre de symétrie, 42, 43
cercle, 48, 50
coefficient de proportionnalité, 72
coefficient directeur, 56, 57, 66
cône de révolution, 48, 49
coordonnées, 54, 55
– d'un vecteur, 54
cosinus, 50, 51
dénominateur commun, 58
développement d'expressions littérales, 59
diagonale, 42, 43
diagramme en bâtons, 68

diminution, 73
distances, 56
données statistiques, 68, 70
écritures fractionnaires, 58
égalités remarquables, 58
équations, 56, 57
– à deux inconnues, 62
– de droites, 56
– du premier degré, 60
exposant entier négatif, 58
factorisation d'expressions littérales, 59
fonction affine, 66
fréquences, 69
grandeur-produit, 72, 73
grandeur-quotient, 72, 73
hauteur, 47, 49
histogramme, 70
hypoténuse, 50
inéquations à une inconnue, 64
– du premier degré, 64
inverse d'une puissance, 58
losange, 43

médiane, 69, 71
moyenne, 69, 71
notation scientifique, 58
parallèles, 44, 45, 53, 56, 57
parallélisme, 44, 45
parallélogramme, 42, 43
polygone des effectifs cumulés, 71
– régulier, 47
pourcentage, 72, 73
produit d'une puissance, 58
proportionnalité, 72
– des accroissements, 67
puissance entière, 58, 59
pyramide, 46
– régulière, 47
quadrilatère, 42, 43
racine carrée, 60
radical, 60
radicande, 60
réciproque, 43
– du théorème de Thalès, 44, 45

rectangle, 42
réduction, 47, 49
regroupement en classes, 70
repère orthonormal, 56, 57
résolution algébrique, 62
– graphique, 62
rotation, 52
sécantes, 56, 57
sinus, 50, 51
solution, 62, 64
symétrie, 52
– centrale, 52, 53
– orthogonale, 52, 53
système, 62
tangente, 50, 51
tétraèdre, 46
théorème de Thalès, 44
transformation, 52
translation, 52-54
triangle, 44, 45
trigonométrie, 50
vecteur, 52-54
volume, 46-49

Histoire

accords du Latran, 82
accords Matignon, 80
Afghanistan, 94
Afrique, 88, 94
Algérie, 89
Allemagne, 74, 78, 82, 86
Alsace-Lorraine, 74
Amérique latine, 94
Anschluss, 84
antisémitisme, 83
Armée rouge, 76
armistice, 74
Asie, 88
Autriche, 78
Autriche-Hongrie, 74
axe Rome-Berlin, 84
Balkans, 74
bataille de la Marne, 74
Blitzkrieg, 84
blocus de Berlin, 86
Blum (Léon), 80
bolcheviks, 76
bombe atomique, 84

Bretton Woods, 87
cartel des Gauches, 80
chômage, 92
chute de l'Empire, 82
collaboration, 90
collectivisation, 76
Colonels, 94
communisme de guerre, 76
conférence d'Helsinki, 86
– de Bandoung, 88
congés payés, 81
congrès de Tours, 80
contestation, 92
corporations, 83
course aux armements, 86, 94
crise de 1929, 78, 80
– de Cuba, 86
– du 13 mai 1958, 90
– économique, 78, 92
croissance, 78, 92, 93
culture de masse, 92
décolonisation, 88, 89, 94

démocrates, 78
détente, 86
dictature, 82, 84
drôle de guerre, 84
Duce, 82
El Alamein, 84
États-Unis, 78, 84, 86
Europe, 74, 85, 86
Fonds monétaire international (F.M.I.), 87, 88, 93
France, 74, 78, 80, 84, 90, 91
Franco, 94
Front populaire, 80
Führer, 82
général de Gaulle, 90
Gestapo, 82
Giscard d'Estaing, 90
Gorbatchev, 94
Grande Alliance, 84
Grand Reich, 84
Grèce, 84

guerre d'Algérie, 88
– d'Espagne, 80
– d'Indochine, 88
– de Corée, 86
– froide, 86
– Iran-Irak, 94
Hitler, 84
Hoover, 78
IIIe République, 90
Indochine, 87
inflation, 92
Israël, 94
Italie, 82
IVe République, 90, 91
Japon, 84, 86, 94
Keynes, 78, 79, 92
kolkhozes, 76, 77
koulaks, 76
krach, 78
Lénine, 76
Libération, 90
lois de Nüremberg, 83
lois sociales, 80

173

Index

Libye, 84
mai 1968, 90
Mao, 94
marche sur Rome, 82
marxisme, 77
Matteotti, 82
Midway, 84
Mitterrand, 90
mouvement fasciste, 82
mouvements nationalistes, 88
Moyen-Orient, 86, 94
Mussolini, 82, 83
New deal, 78
Nouvelle politique économique (N.E.P.), 76, 77
nouvelle guerre froide, 94
O.N.U., 86, 88, 89, 94
O.T.A.N., 86, 90

pacte anti-Komintern, 84
– de non-agression, 84
– de Varsovie, 86
parti communiste, 80
parti national socialiste, 82
Pearl Harbour, 84
Pétain, 90, 91
planification, 76
plan Marshall, 92
Poincaré, 80, 81
politique keynésienne, 92
– libérale, 92
Pologne, 74, 84, 85
Pompidou, 90
Potsdam, 86
Première Guerre mondiale, 74
prohibition, 78
Reagan, 94
reconstruction, 80
régime parlementaire, 90

– présidentiel, 90
réparations, 74
républicains, 78
république de Weimar, 82
résistance, 90
Révolution d'Octobre, 76
révolution des œillets, 94
révolution russe, 76
rideau de fer, 87
Roosevelt, 78
Royaume-Uni, 78, 84
Russie, 76
S.F.I.O., 80
Sarajevo, 74
Seconde Guerre mondiale, 84
Société des Nations, 74, 84
sovkhozes, 76
stabilisation du franc, 81
Staline, 76
Stalingrad, 84

Sudètes, 84
Tchécoslovaquie, 74
Tiers monde, 88, 92
traité de Versailles, 74, 84
traité F.N.I., 94
Trente Glorieuses, 92
Triple-Alliance, 74
Triple-Entente, 74
Trotski, 76
Truman, 86
U.R.S.S., 76, 84, 86
Verdun, 74
Ve République, 90, 91
Vichy, 90
Viêt-nam, 86, 87
Yalta, 86
Yougoslavie, 74, 84

Géographie

Acte unique européen, 104, 105
Afrique, 105
agriculture
– des États-Unis, 112, 113
– de l'U.R.S.S., 108, 109
– de la France, 100, 102, 103
aménagement du territoire, 100
Assemblée gle de l'O.N.U., 114
Assemblée nationale, 114
baby-boom, 98
bilan énergétique français, 100
C.E.E., 104, 105
capitalisme, 110
Casques bleus, 114
chômage, 98
climat, 96
– des États-Unis, 110, 111
– de l'U.R.S.S., 106

– de la France, 96
commerce
– des États-Unis, 112, 113
– de l'U.R.S.S., 108
– de la France, 100
Congrès des États-Unis, 114
Conseil de Sécurité, 114
constitution, 114, 115
D.A.T.A.R., 100
départements d'Outre-Mer, 104
désindustrialisation, 100
économie
– des États-Unis, 110, 112
– de l'U.R.S.S., 108, 109
– de la France, 100
emploi féminin, 99
États-Unis, 110-113
exode rural, 98, 100, 106
France, 96-105
France d'Outre-Mer, 96
francophonie, 104
immigration, 111

industrie
– des États-Unis, 112, 113
– de l'U.R.S.S., 108, 109
– de la France, 100-103
mécanisation de l'agriculture, 100
migrations intérieures, 98
moyens de transport
– aux États-Unis, 110
– en U.R.S.S., 106
nationalités
– aux États-Unis, 110, 111
– en France, 98
– en U.R.S.S., 106, 107
Organisation des Nations Unies (O.N.U.), 114, 115
Parlement, 114
planification centralisée, 108
population américaine, 110
– française, 98, 99
– soviétique, 106, 107
Premier ministre, 114

président de la République, 114, 115
régions rurales, 102
relief, 96
– des États-Unis, 110
– de la France, 96
– de l'U.R.S.S., 106
remembrement, 100
ressources naturelles
– des États-Unis, 110
– de l'U.R.S.S., 106, 107
– de la France, 100
Secrétaire gl de l'O.N.U., 114
secteur primaire, 98
secteur secondaire, 98
secteur tertiaire, 98, 100
Sénat, 114
Sibérie, 106
territoires d'Outre-Mer, 104
tourisme, 100
U.R.S.S., 106-109
Ve République, 114, 115
Wall Street, 110

Index

Anglais

INDEX GRAMMATICAL
adjectif, 125, 126
adjectif possessif, 126, 127
adverbe, 125
all, 124
any, 124
apostrophe, 126
article, 124
a lot of, 124
be going to, 116
can, 120, 121
cas possessif, 126
could, 120, 121
enough, 124
futur, 116
génitif, 126
groupe nominal, 124-127
how (sub. introduite par), 129
if (sub. introduite par), 118
indéfini, 124
interrogative indirecte, 128
lots of, 124

many, 124
may, 120, 121
might, 120
modaux, 120, 121
much, 124
must, 120, 121
nom, 125
past perfect, 118
plenty of, 124
present perfect, 118, 119
présent progressif, 116, 117
présent simple, 116, 117
prétérit, 118, 119
prétérit progressif, 118
pron. de renforcement, 125
pron. interrogatif, 128, 129
pron. possessif, 126, 127
pron. réciproque, 125
pron. réfléchi, 125
pron. relatif, 126, 127
should, 120, 121
some, 124

sub. d'hypothèse, 116, 118
sub. temporelle, 116
that (sub. introduite par), 128, 129
verbe, 120-123
verbes irréguliers, 122, 123
what (sub. introduite par), 129
when (sub. introduite par), 116, 129
where (sub. introduite par), 129
which (sub. introduite par), 129
who (sub. introduite par), 129
whose (sub. introduite par), 129
why (sub. introduite par), 129
why (sub. introduite par), 129
will, 116

INDEX FONCTIONNEL
accord, 130
but, 131
capacité, 120
cause, 131
certitude, 120
concession, 130
condition, 131
conseil, 120
conséquence, 131
demande, 120
désaccord, 130
désapprobation, 120
devoir, 120
éventualité, 120
hypothèse, 131
impossibilité, 120
incapacité, 120
incertitude, 130
interdiction, 120
obligation, 120
ordre, 120
permission, 120
probabilité, 120, 121

Sciences physiques

Alcanes, 140
appareil photo., 138, 139
association
 de résistances, 132, 133
axe optique, 136, 137
combustion
 – de corps simples, 140
 – des hydrocarbures, 140
 – vive, 140, 141
construction d'une image, 136, 137
courant alternatif, 132
courant continu, 132
diaphragme, 138, 139

diviseur de tension, 133, 134
dynamomètre, 146, 147
eau, 142, 143
électrolyse, 143
énergie électrique, 132, 133
foyer image, 136
hydrocarbures, 140
ions carbonate, 144, 145
 – chlorure, 144, 145
 – cuivre, 144, 145
 – fer, 144, 145
 – sulfate, 144, 145
lentille convergente, 136, 137

loi d'Ohm, 132
masse d'un corps, 146, 147
obturateur, 138, 139
pesanteur, 146
poids d'un corps, 146, 147
potentiomètre
 électronique, 134, 135
poussée d'Archimède, 146, 147
profondeur de champ, 138
projecteur de diapositives, 138, 139
puissance électrique, 132
puissance nominale, 132

réactions chimiques, 140, 141
réduction, 140, 141
résistance, 132, 133
rouille, 140, 141
solutions acides, 142, 143
 – basiques, 142, 143
 – neutres, 142, 143
synthèse de l'eau, 143
transistor, 134, 135

Index

Biologie

A.T.P., 156, 157
activité cardiaque, 162, 163
air courant, 156
air résiduel, 156
alcool, 164, 165
alimentation, 160, 161
alvéoles, 156
antibiotiques, 170
anticorps, 166
antigènes, 166
appareil urinaire, 158
artères, 162
assimilation, 154
bactéries, 166, 171
capillaires, 162
caractères, 150
caryotype, 148, 149
cellules, 148, 149, 154, 155
centromère, 148
cerveau, 164, 165
chromosomes, 148, 149, 151
circulation, 163
contractions du cœur, 162
croissance, 154, 160, 171
défense immunitaire, 166-169

dépenses énergétiques, 154, 161
diastole, 162, 163
diététique, 160
digestion, 152, 153
drogues, 164, 165
échanges gazeux, 156, 157
énergie, 160
enzymes, 152, 153
excitations, 164, 165
expiration, 156
fécondation, 148, 150, 151
fermentation, 170
gamètes, 150
ganglions lymphatiques, 166
gène, 150, 151, 171
génome, 150
glucides, 152, 160
greffe, 168, 169
groupes sanguins, 168
hémoglobine, 148, 156
hérédité, 148-151
hydrolyse enzymatique, 152, 153
inspiration, 156
leucocytes, 166
levures, 170, 171
lipides, 152, 160

lymphe, 162
lymphocytes, 166, 168
macrophage, 166, 167
maladies auto-immunes, 168
maladies cardio-vasculaires, 162
maltose, 152
méiose, 150
message nerveux, 164, 165
micro-organismes, 170, 171
microbes, 166, 167
moelle épinière, 164, 165
mongolisme, 150
monoxyde de carbone, 156
muscles respiratoires, 157
néphron, 158, 159
nerf sensitif, 164
neurones, 164, 165
nutriments, 154-156
patrimoine héréditaire, 150
phagocytose, 166, 167
plasma sanguin, 158
plasmocytes, 166
protéines, 160
protides, 152, 160
réflexe, 164, 165
reins, 158, 159

renouvellement des cellules, 155
reproduction, 148-151
respiration, 156, 157
septicémie, 166
sérothérapie, 168
sérum, 168, 169
SIDA, 168
systole, 162, 163
terminaisons nerveuses, 164
transformations enzymatiques, 152, 153
transfusion sanguine, 168
trisomie 21, 150, 151
tube urinaire, 158, 159
uretère, 158, 159
urètre, 158, 159
urine, 158, 159
vaccin, 168-170
veines, 162
vessie, 158, 159
vitamines, 160, 161

Crédits photographiques
Histoire-Géographie : pp. 75/3 Larousse/Giraudon ; 77/1 Doc. Edimédia ; 79/2 J.-L. Charmet ; 81/1 René Dazy ; 91/3 © Plantu ; 93/3 © Plantu ; 95/1 F. Afestogny/Gamma ; 101/2 Laflèche photo aérienne, Nice.
Sciences physiques : pp. 133/1 ; 138/1, 2 ; 145/1, 2, 3, 4, 5 ; 147/2, 3, 4 : Studio Solution.
Biologie : pp. 149/1, 2, 3, 4 CNRI ; 151/1 J. Bové/CNRI, 2, 3 CNRI ; 4 Chaumeton/Pasieka ; 167/2 Phototake CNRI ; 169/4 A. Brucelle/Sygma ; 171/1 CNRI, 3 Pasieka.